沟通的艺术

跟任何人聊得来

刘文华　编著

团结出版社
UNITY PRESS

图书在版编目（CIP）数据

跟任何人聊得来 / 刘文华编著 . -- 北京 : 团结出版社 , 2019.4（2023.11 重印）
（沟通的艺术）
ISBN 978-7-5126-6971-0

Ⅰ . ①跟… Ⅱ . ①刘… Ⅲ . ①心理交往－语言艺术－通俗读物 Ⅳ . ① C912.11-49

中国版本图书馆 CIP 数据核字（2019）第 082302 号

出　版：团结出版社
（北京市东城区东皇城根南街 84 号　邮编：100006）
电　话：（010）65228880　65244790（出版社）
（010）65238766　85113874　65133603（发行部）
（010）65133603（邮购）
网　址：http://www.tjpress.com
E - mail：zb65244790@vip.163.com
tjcbsfxb@163.com（发行部邮购）
经　销：全国新华书店
印　刷：金世嘉元（唐山）印务有限公司

开　本：145mm × 210mm　32 开
印　张：6 印张
字　数：110 千字
版　次：2019 年 4 月　第 1 版
印　次：2023 年 11 月　第 2 次印刷

书　号：978-7-5126-6971-0
定　价：29.80 元

前言

我们常常说行走社会时，经常被“以貌取人”，其实，更多时候是被“以言取人”。如果你口齿笨拙或动辄出口伤人，和别人沟通起来就会很困难，就难以获得他人的认可，更不可能获取别人的欣赏、合作与帮助。

所以说，会说话很重要。朱自清说过一句话：“人生不外言动，除了动就只有言，所谓人情世故，一半儿是在说话里。”会说话是一门艺术，会说话是一种修养。我们每个人，每天都需要说很多话，可是真正“会说话”的人又有几个呢？

说话是什么？在林语堂那里，它是门艺术；在卡耐基的成功学里，它是工具；在郭德纲的相声里，它成了民间曲艺；到了主持人蔡康永的《说话之道》里，它成了一项“最划算”的事情。这些例子，说明说话不是一件简单的事。虽然每个人从牙牙学语到步入社会，不知已经说过多少话，但是有些人，说了一辈子的话，没有说过几句关键的话；有些人就凭几句话，因此而改写自己的人生。

如果有人问你：“你会和别人聊天吗？”你一定会觉得很可笑。而实际生活中，确实很多人都可以被归为“不会说话”。他们不懂得在什么时候、什么场合，什么话该说，而什么话不该说。

一个人才不一定会说话，但一个会说话的人一定是个人才。那些聊天高手，见什么人说什么话，到什么山唱什么歌，几句话就能抓住对方的心，让对方愿意听乐意说，与人交流愉快而顺畅。人们在心情愉悦、对来人充满好感的情况下，更愿意给对方提供更多的方便，给予更多的帮助。

与上司聊得来，能得到更多的赏识；与同事聊得来，能得到额外的支持；与客户、合作者聊得来，是项目成功的前奏；与身边的朋友聊得来，能加深彼此的友谊；与家人爱人聊得来，能营造甜蜜港湾。可以这样说，不论是交朋友还是谈事情，双方是否聊得开心、聊得透彻，是影响最终结果的重要因素之一。

看看身边那么多的成功者和社会精英，哪一个不是说话的高手、沟通的奇才？可以这样说，和任何人都聊得来，会让你成为一个受欢迎的人，会让你赢得他人更多的尊重，会让你拥有良好的人际关系，甚至一个人的成功，至少有一半是靠“会说话”创造的。

目　录

第一章
成功的一半是聊出来的

生活在这个社会中，我们每天都要跟各种各样的人打交道，这就要求我们跟任何人都能聊得起来。事业的成功和失败，往往取决于某一次聊天。这话绝不是夸张的，美国人类行为科学研究者汤姆士指出："发生在成功人物身上的奇迹，一半是由口才创造的。"

说话是一种能力

在今天这样的信息时代，不论是生活中的闲谈还是工作中的交流，不论是生活中的娱乐消遣还是工作中的交际应酬，都离不开说话。甚至在衡量一个人是否有能力这个方面，很大程度上也是看他/她是否会说话。

有一位学富五车的学者一次去参加一个讨论会。他在会上被主办方邀请“随便讲几句话”时却窘迫之极。不难发现，一个有学问的人如果缺乏机智应变的口才，那么除了使人感到遗憾之外，说明他/她的知识和能力结构上还是存在缺陷的。

我国自古以来就有讲究日常说话的传统，对说话的作用有较高的评价。孔子说过，君子一言以为知，一言以为不知，言不可以不慎也。我们可以理解为，会说话也是一个人的能力表现。卡耐基说过，话语是一把人际沟通的钥匙。当人类进入文明社会后，检验一个人是否有能力，以及这种能力能否充分发挥出来，其中最重要的因素之一，就取决于一个人是否会说话。所谓“会说话”，就是在恰当的时候，对该说的人说了该说的话，从而达到了你想要的效果。

一位成功学大师曾明确指出：一个人事业的成功，85%取决于他的交际能力，而是否会说话则是衡量一个人交际能力的重要标准之一。语言的力量是巨大的，一言可以兴邦，一言可以误国。会说话已成为一个人学识、才干和智慧的重要标志。一流的说话方式，可以使你的表达更清晰，可以使你的话语更动听，可以使你的说服更有力，可以使你的人际关系更融洽；巧妙的说话技巧可以带给你愉悦和欢畅，帮助你增加知识和修养，激发你的创造力；也可以融洽人们之间的感情，建立良好的人际关系；还可以帮助你在工作和事业中巧妙地表达自己的意见，阐明自己的主张，展示你卓越不凡的办事能力。

如今，拥有说话的技巧，精通说话之术，你就拥有了一种不同寻常的能力，这种能力会让你八面玲珑，借助这种能力你可以编织起一张巨大的人际网络，为自己赢得取之不尽、用之不竭的人际关系资源；会使你在强大的生意对手面前侃侃而谈，口若悬河而又滴水不漏；会让你变成一位精明的、老练的、受人欢迎的领导者……

在生活中，常会听到有人说："我这个人，笨嘴拙舌，不会说话，但办起事来还是很不错的"，这些人却不知道这是多大的缺憾。事实上，一个不会说话的人，他的办事能力也会受到质疑。

如今的社会是个信息社会，信息的作用越来越大。一项工作常常需要众多员工的合作、多个信息的综合。语言是最普遍、最方便，也是最直接的传递方式。语言能力强，对方就能顺利而准确地接受和理解信息，保证顺利地交流；语言能力弱，就不能很好地把信息传递给对方，交流会因此出现中断，甚至中止，导致失败。所以，如果你想在社会上进退自如，不但要有良好的办事能力，同时也不能缺少良好的沟通能力。

无论你天资多么聪颖，接受过多么高深的教育，假如你无法得体恰当地表达自己的思想，你仍旧可能一败涂地。而要想让别人喜欢你，需要良好的沟通和交流。人与人之间交流思想，沟通感情最直接、最方便的途径就是语言。通过出色的语言表达，可以使相互熟识的人之间情意更浓，爱更深；可以使陌生的人产生好感，结成友谊；可以使意见分歧的人互相理解，消除矛盾；可以使彼此仇恨的人化干戈为玉帛，友好相处。

虽然，并不是每个人都善于说话，有人沉默寡言、惜话如金；

有人口若悬河、滔滔不绝。对于一般人来说，虽不至于用演说引导群众，鼓舞士气，但日常生活、工作中与人交际也需要有良好的说话能力。否则，成功之路将会更加曲折。

在某个培训机构的一次课堂上，有位老师问学员：“你们认为自己很会说话的，请举手。”近百个培训学员中只有两三个举起了手，还是犹犹豫豫的。这件事也足以说明，说话容易，但是要把话说到位却非常难。因此，如今有很多人力资源主管都说：我招聘人的时候，看一个人能力的高低，就看他说话的水平。由此可见，说话是一个人能力的表现。

所以，如果一个人想要在这个社会里生活得很精彩，必须培养自己的说话能力。因为一个会说话的人，不仅拥有良好的沟通交际能力，还拥有良好的协调能力和办事能力。对于这个需要人才的社会，这样的人无疑是受欢迎的，走到哪里都能成为众人瞩目的焦点。

张开嘴，沉默不是金

在这个充满竞争的时代，人人都会努力表现自己来争取机会。面试时，需要说话表现自己的优势；开会时，需要说话表达自己的见解；人际交往中，需要说话来为自己赢得人脉；商业谈判中，需要说话为自己赢得成功……不管是哪一方面，都离不开说话。今天的时代，各个方面都离不开信息交流，人们对一个人的了解最主要的就是来自被了解者的语言，有高超的当众讲话水平就能体现一个人的知识水平，阅历经验等综合素质。一个沉默寡言的人，别人是不会在意，也无法了解的。

因此，生活在现代社会中的每一个人必须借助说话来体现自己。虽然说“沉默是金”自古以来就是被人们颂扬的品德，但是在今天，一个人如果只会干事而完全不善言辞、笨嘴笨舌的，这样是不利于做好本职工作的。

一代宗师徐悲鸿，他人生中的机遇很多是用语言赢得的。1916年，21岁的他报考复旦大学，校长召见新生时，其优雅的谈吐给校长留下深刻印象，认为徐悲鸿是可造之才，给予其诸多勉励与帮助。1920年他留学法国时，在一次茶话会上被介绍给法国当时最著名的画家达仰·布佛莱。徐悲鸿对他说：“先生！我很盼望能得到您的教诲。”一句话便让达仰感到这个中国青年的诚恳朴实，立即将自己画室的地址给了徐悲鸿，嘱咐他每星期天的早晨到自己的画室去。在第一个星期天，徐悲鸿去见达仰，同达仰谈起了自己的追求和信心，达仰了解了其天赋和抱负异常欢喜，开心地同徐悲鸿谈起50余年来的往事。得益于达仰的慧眼，为徐悲鸿成为一代大师奠定了坚实的基础。

一个沉默寡言的人，不会因说错话丧失机会，但也会因没有说好话而丧失更多的机会。

很多年轻人，因为不善言辞，因此从来不敢在众人面前发表任何讲话，这样，他都不给别人了解他的机会，怎么能让别人知道他其实是一个有才华的人呢？也有很多年轻人，认为表现自己便是好出风头，于是他们选择默默无闻。一个人，如果不“现”出自己的才华，别人就不了解你的能力，你也就不免产生“大材小用”或是“怀才不遇”的感愤。虽说是金子总会发光，但是在人才辈出的今天，你敢肯定你的光芒不会被别人掩盖吗？在今天这个社会，如果一个人还秉承“沉默是金”的原则，那么他的此生也很可能就默默无闻了。

语言是思想的外化，是必不可少的交际工具。我们要在这个世界上生活、建设和发展，就没有一天能离得开语言。因此，善于说话是一种积极的人生态度。

成也说话，败也说话

古希腊著名的寓言大师伊索，相传他年轻时在某贵族家当过奴仆。有一次，主人设宴，来者多是哲学家。主人令伊索备办最好的酒菜待客，伊索却专门收集了各种动物的舌头，办了个舌头宴。开餐时，主人大吃一惊，问道："这是怎么回事？"伊索答道："您吩咐我为这些尊贵的客人办最好的菜，而舌头是引导各种学问的关键，对于这些哲学家来说，舌头宴不就是最好的菜吗？"客人听了，个个发出赞赏的笑声。主人吩咐伊索说："那我明天要再办一次酒席，菜要最坏的。"次日，开席上菜时，依然是舌头。主人见状，大发雷霆，斥问伊索缘由，伊索不慌不忙地回答："难道一切坏事不是从口中出来的吗？舌头不仅是最好的东西，同时也是最坏的东西啊！"主人听后，虽然恼羞不已，但也无话可驳。

虽然这则关于伊索的故事是否属实我们无从得知，但它所含的寓意却如真理一般——说话对人类来说具有无法估量的巨大作用。西方一位哲人曾经说过：世间有一种成就可以使人在短时间内完成伟业，并获得世人的认识，那就是讲话能够令人喜悦的能力。由此可见，拥有一张会说话的嘴是多么重要。

在今天这个充满竞争的社会，一个人能否成功，不仅取决于他所掌握的知识、拥有的能力、做事的经验，同时还离不开说话的能力。生活在社会中，我们每天都要跟各种各样的人打交道。曾有学者估算过，一个人平均每天要说 18000 个词语。这么算起来，每个人每天要说很多话。如果一个人想要在社会中有一番成就，就不仅要会做事，更要会说话。

纵观历史上众多的名人，以及当今社会的成功人士，大多都是会说话之人。越来越多的人逐渐认识到：说话、演讲的能力已成为现代人必须具备的重要能力，更是创造型、开拓型人才的必备素质。因为现实生活中有很多有着优异才华的人，因缺乏说话方面的才能，更因为不懂得学习和锻炼沟通能力，丧失了很多机会。因此，具备优秀的说话能力，是今日讲求竞争力的必备才能之一，是迈向成功的重要法宝。

说话不仅成了人们日常生活的一个重要组成部分，更成了人们事业成败的一个举足轻重的先决条件。说话的水平和能力，已成为衡量一个人整体素质不可或缺的一个重要标准！在现代社会里，人离不开说话犹如鱼离不开水。人与人之间的交往空前频繁，如工作中的交谈、政治舞台上的辩论、学术园地里的争鸣、外交活动的斡旋、经济领域的谈判等等，可以说每一个环节都离不开嘴，尤其是在商场上，语言就显得更为重要了。每一次交易都不亚于一场外交活动。采购需要说动卖方，销售需要说动买方，争得利益需要讨价还价，双方或多方合作需要谈判。就是求职应聘，或者是很好的谋略贡献给领导，这些都需要张嘴去“说”。

一个人事业的成功与否离不开说话。会说话的可以获得别人的同情、帮助、合作，或受到他人的赞赏。在现代社会，会说话才能够让我们在任何场所、任何时候都备受瞩目，才能够让我们时常处于优势地位，才能够让我们在调整周围人际关系和经济关系的过程中更得心应手。如今，会说话既是一种技艺，同时更是打天下的本领。

会说话方显自信

不难发现，那些能在众人面前滔滔不绝地讲话的人，私下里也是一个充满自信的人。曾经有人做过一个调查，想搞清楚人们进行口才训练的原因和内心愿望是什么，调查的结果惊人的一致——大多数人的内心愿望与原因基本是一样的，他们是这样回答的："当人们要我站起来讲话时，我觉得很不自在，很害怕，使我不能清晰地思考，不能集中精力，不知道自己要说的是什么。所以我的最大愿望就是可以在公众面前自信、泰然地发表自己的观点，且逻辑清晰，内涵丰富，让人折服。"

虽然这两者之间没有必然的因果关系，但事实上有强烈自信心的人，一般来说都是能言善辩的人。因为良好的说话能力可以增强一个人的自信心，而一个人的谈吐又是自信的外在表现。

林肯说："不论人们如何仇视我，只要他们肯给我一个略说几句的机会，我就可以把他们说服。"这就是因为，林肯良好的口才能力为他带来了极大的自信。

有一个年轻人为自己的默默无闻而感到苦恼。他说：

跟朋友们在一起的时候，我总是一个倾听者，从来不敢说话，怕自己说不好，惹人笑。朋友们都说我"低调"，其实我不是真的低调。

跟其他人在一起，我总是被冷落的那个，无论是陌生的朋友还是熟悉的朋友都一样。明明自己有些才华，从高中到大学，我的成绩一直都属班上的前列，但是如果我不说的话，根本没人知道。看到别人表现自己，我却不敢表现，有时候还会掩饰自己的才华，甘当不行的人。所以现在别人都以为我什么都不行。

还有，当我被别人欺负或者嘲笑了，我也不知道该怎么应对，一般保持沉默，不敢表现出生气或愤怒，害怕影响大家关系。我不知道该怎么表现自己，让自己焕发出本来就有的光彩。

在生活中，随时都会有让你讲话的时候，每个人的内心深处也都希望有展现自己、向大家发表观点、看法的机会。但是，有不少人总是带有很强的自卑感、信心不足。其实，信心和胆量是可以通过锻炼培养的。我们每个人都想做一个出色的人，希望获得他人的好评，希望自己在他人心中树立高大的形象，而要想受人欢迎，必须先让人了解自己。适当地表现自己，会让自己充满信心和力量，这种力量又会促进我们更加完善自己。

一个会说话的人，因为自己良好的语言能力，总是能够备受瞩目，所以，可以总是在众人面前自信满满。虽然说，一个人要想充满自信，首先要对自己有信心，但是不得不承认，大多数的人信心都是来源于别人的肯定。这也就是为什么口才好的人总是能够充满自信，而那些不善言辞，口才不好的人难免自卑。

因此，如果一个人想让自己充满信心，首先可以通过加强自己的口才能力，让自己能在公众面前发表讲话，大胆表现自己，从而慢慢树立起自信。

机遇要靠嘴来拓展

机遇对于一个人是否成功起着重要的作用。有时一次机遇，就可以改变一个人的人生轨迹。有句话说：机会面前人人平等。但事实上却并非如此。因为我们的生活中常常不乏这样的事情出现：一次不同的机遇造就了不一样的人生，从而拉开了人与人之间在生活、事业上的差异。但为什么有的人得到了机遇而有的人没有呢？有时就取决于一个人口才的好坏，一副好的口才可以让一个人赢得更多的机遇。

当今社会，是一个充满挑战和竞争的社会。俗话说“七分本事，三分机遇”。在竞争中，谁把握了机遇，谁就把握住了走向成功的密码。机遇稍纵即逝，能否抓住机遇非常重要。有句话叫“机会都是人自己创造的”。我们常常看到的那些名人、成功人士，看似是机遇的获得，在很大程度上其实是通过自己争取到的。我们时常幻想着机遇能从天而降，实际上让机遇主动找自己并不是天方夜谭，不少名人就是依靠自己优秀的口才，从一些细节入手，创造了不少常人看似“让机遇找自己”的神话。

有这样一个故事：某公司要招考一位打字员。初试圈定了两名，最后面试时再决定录用其中一人。这两人一位是华裔，一位是西班牙人。她们打字能力是：西班牙小姐每分钟 30 字，华裔小姐每分钟 70 字。但是，考完之后，这位传统的中国女子，安静地等在门外，而西班牙小姐却径直闯进经理的办公室。她声称自己打字技术一向快速准确，只是当时太紧张了，没考好，但是这份工作对她太重要，她非得到不可。最后结果，西班牙小姐被录用了。而那位打字技巧高于西班牙人的华裔小姐却在“胸有成竹”地静候中失去了机会。

很多有才华的年轻人之所以怀才不遇，感叹生活艰难、世事不公平，不在于他们的才华不为人所知，而在于他们不懂得如何表达自己，没有稳定良好的人际关系。他们或内向，或自负，或木讷，或狂傲，不懂得如何与人沟通，不懂得如何与人建立联系，也不懂得如何靠人际关系来为自己获得帮助和成功。机遇无处不在，善于言谈的人，可以借助口才的力量促成自己的事业，为社会多做贡献。而拙于言谈的人，往往会失去机遇，或将事情越办越糟，因而抱恨终生。所以，现代社会的种种机遇，要靠你的口才来开拓。

国外有位名叫亚诺·本奈的小说家曾说："日常生活中大部分的摩擦冲突都起因于恼人的声音、语调以及不良的谈吐习惯。"为什么会这么说呢？只要仔细观察我们生活周围的人就会发现，一个人口才上的缺陷往往可能导致个人事业的不幸或糟糕的人际关系，比如和亲人的关系不好、和朋友关系不和等等。同时，一个人的口才如何，往往决定是否有人愿意聘用他，是否有人愿意和他交往以及是否能够在商业谈判中获得成功。

一个人如果语言表达有障碍或者表达能力不强，则会被人低估他的能力、得不到别人的赏识，甚至因此埋没自己的才能。一个人即使思想如星星般光耀生辉，即使勤奋得如一头老黄牛，即使知识渊博得像一本百科全书，但若缺乏良好的口才能力，成功的机遇也会比其他人要少得多，以至口才不佳往往成为实现自己理想目标最大的阻碍。

一个人的一生是否能够成功，和这个人的口才好坏有着很大的关系。能够在交谈中把意思有效地表达出来的人，走到哪里都可以引起旁人的重视，也比一般人拥有更多、更好的发展机会。

会聊天也是一种竞争力

现代社会是个竞争激烈的社会，拥有一副好的口才已经成为人才竞争的重要素质之一，它是人们取得成功的基石之一，是迈向成功的重要一步。成功学大师戴尔？卡耐基说："一个人的成功，85%靠人际关系；人际关系的成功，85%靠沟通。"事实正是如此，在人的一生中，事业要取得成功，85%归因于与别人的沟通，15%是来源于自己的能力。

我国首次载人航天飞行成功之后，在总结会上，杨利伟准备充分，积极发言，发言条理清晰，逻辑性强，态度从容。据说，在最终确定三人为首飞候选人之时，三个候选人都十分优秀，难分高下，只是考虑到作为我国第一位进入太空的宇航员，要面对全世界的目光，接受新闻媒体采访，进行巡回演讲，才最后定下口才好的杨利伟。

由此可以看出，口才能在竞争中决定一个人的成败，是赢得胜利的资本。在生活中，我们常常遇到很多和别人竞争的时候，殊不知，会说话对我们来说同样重要。所以，我们不妨努力训练自己的口头表达能力，在汇报、演讲、发言等场合中着力表现自己，这样就能引起领导的注意，从而引来更多成功的机会。

三百六十行，行行都需要口才。在人类社会的生活中，一个人是否有好口才，是否会说话，成就与境遇必定会大不一样。现代社会里，那些表现得羞怯拘谨、笨嘴笨舌、老实巴交的人，总会处在交际困难的尴尬里；而那些能说会道，言语动人的人不论是做什么事，相对会很顺利，并很容易取得成功。

某单位有两个司机，由于公司要调整制度，精减人员，所以两个人之中只能留下一个。公司决定让两人都参加一次公司内部的面试。

面试时，第一个司机说："将来我开车，一定把车收拾地干干净净，遵守交通规则，保证领导的安全，一定要做到省油。"第二个司机只说了三点，谈话就结束了。他说："我过去遵守了三条原则，现在我遵守三条原则，如果今后用我，我还遵守这三条原则：第一、听得，说不得；第二、吃的，喝不得；第三、开得，使不得。我过去这样做，今后我还这样做。"

领导一听，马上就对他青睐有加，并让他留了下来。第二个司机胜出了。"听得，说不得"，意思是说，领导坐在车上研究一些工作，往往在没公开之前都是保密的，我只能听，不能说，说不得，不能泄密。这样的司机怎么能不用呢？"吃得，喝不得"，经常陪领导到这里开会，那里开会，参加这个宴会，那个宴会，都要吃饭，吃饭可以，但是千万不能喝酒，这是保护领导的生命安全。第一保密，第二保护领导的生命安全。第三"开得，使不得"。虽然平时在开车，但是领导不用的时候，也绝不会为了自己的利益公车私用，公私分明。

虽然这两位司机到底哪一位开车的技术更好我们无法确定，但是在领导心中，开车开得好、省油多，不如话说得好。

在日益激烈的就业竞争中，很多求职者都发现自己面临着这样的一个现实：工作经验，专业技能，不再是企业选拔人才的唯一标准。用人单位在选拔人才时，越来越重视求职者的综合素质，特别是良好的口才，即沟通表达能力。

现在求职竞争太激烈，那些口才好，擅长表达的人，求职的成功率就高得多。最近有件让小王特别头疼的事。小王是从事文职工作的，这项工作她已经做了两三年了，而且她心思细腻、做事仔细。但是公司最近精减人员，因为自己的口头表达能力不好而被裁掉了。出来重新找工作的小王，发现那些公司宁愿要那些毫无工作经验的，但是特别能说会道的毕业生，都不愿选择有一定的从业经验但表达能力不好的自己。这让小王在求职竞争中无比受挫。

一般来说，在从事文职类工作中，其实对口才的要求相对不是那么高，但是小王却因此屡遭碰壁。那其他对口才要求比较高的工作，岂不是更需要口才好的求职者？

在我们今天的市场经济大潮中，现行的双向选择的就业时机要求我们：充分地发挥你的口才，就有可能得到一份好工作；否则，就会白白地失去良机，从而可能影响你一生的成就。总之，一个人要想成功，他可以没有资本，但是不可以没口才，良好的口才是一种竞争力。

会说话的人福从口出

我们每个人都不可避免地会遇到一些需要我们说几句话的场合。有时候，这几句如果说得好，说到关键之处，往往能够帮我们很大的忙，说不定人生因此而改变。

曾有这样一个故事：

有一天，一个国王化装成一个普通人到民间去私访。他走进一条小巷子，听到一阵竖琴声，就顺着琴声来到一家门前。国王推开了掩着的房门，向弹琴的人说道：

"晚安！你的兴致真是好呀！"

弹琴的人看到有人进来，赶紧站起来给国王让座，并请他吃东西，喝麦酒，说道："欢迎你，我是编筐的，一天编一只筐，既还债又得利息，养活了一家九口人，因而觉得十分快活。"

国王听了这些话感到很惊讶，因为一只筐子卖的钱只能买5斤大米，怎么能够又还债还吃利息，养活九口人呢？于是问道："你到底是怎么营生的呀？欠债多吗？"

编筐的人微微一笑说道："我的父母辛辛苦苦地把我养大，我得赡养他们，这是还债；我的五个孩子，现在是我养育他们，等到我老的时候，他们就得养活我，这是我付出的利息；我的父母与孩子一共是七个人，再加上妻子和我，我不正是养活着一家九口人吗？"

国王听了哈哈大笑起来，觉得这个编筐人说话真有意思。编筐的人这时一眼看见他胸前有个王牌，才知道这人原来是国王，不禁大吃一惊。

国王见了说道："你不用害怕，我不会伤害你的。只是你刚才讲的趣话，除非当着我的面，否则你不许告诉任何人，不然的话，你就得小心你的脑袋。"编筐人答应了。

第二天，国王把他的十二位大臣一齐召到面前，说道："你们之中如果有谁能够在三天之内回答我的这个问题，谁就是最聪慧过人的，就有资格做我的宰相。这个问题是：有人一天编一只筐，既还债又得利息，还养活了一家九口人，这是什么意思？"

十二个大臣听了国王的话，面面相觑，不得其解。经过一番苦思冥想，他们一致断定，这话绝对不可能是国王想出来的，一定是在外面听到的。于是这十二个大臣分头走遍大街小巷去寻根究底，最后终于找到了那个编筐人。编筐人也承认这话是他说的，但是这些话究竟是什么意思，编筐人却怎么也不肯讲出来。

大臣们心急火燎，一心想从这个编筐人的嘴里套出谜底。于是，他们先拿出十镑硬币，然后成倍地增加，后来竟拿出一百镑，可是编筐人还是摇头不肯讲。最后，大臣们拿出了一千镑硬币。

编筐人望着这么多闪闪发光的硬币，心想：好家伙，有了这些钱，不愁全家老少没有好日子过了，即便杀头我也甘愿。

于是，他就收下了这些钱，然后把那些话的意思讲给了大臣们听。

大臣们如获至宝，纷纷争着向国王回答这个问题。

国王想道：他们怎么一下子都变得聪明起来了，不可能！一定是编筐人告诉他们的。于是，他急忙把编筐人喊来，愤怒地问道：

“我已经对你说过，你讲的话，除非当我的面，不许告诉任何人。不然，就砍下你的脑袋，你怎么对他们讲了？来人呀！把他拉出去砍了！”

没想到，编筐人却不慌不忙地说道：

“国王陛下，祝你长寿，你是嘱咐过我的，我也没有失信呀！我是当你的面说的啊！我不仅一次当你的面，而且是一千次当你的面说的哩！”

他把一千镑硬币掏出来，指着硬币上面国王的头像说道：

“陛下请看，这不是你吗？我当着您的面，一次，两次，三次……整整见了你一千次面，才把那些话的意思告诉给他们的呀！”

国王听到这样的解释非但没有生气，反而高兴极了，对编筐人大加赞赏，不仅免去了他的死刑，还宣布封他为宰相。并且把那十二个大臣的职务统统都解除了。

在这个故事中，编筐人凭借自己的智慧，用巧言妙语不仅为自己赢得了财富和官职，还拯救了自己的性命。虽然这只是一个故事，但是生活中常常也会有类似的事，也许一件很普通的小事，由于说话水平不同，所获得的效果和回报也大不相同。

在现实生活当中，有一些人具有一张烫金的文凭以及吃苦耐劳、任劳任怨的精神，在工作方面能力也较强，可是因为不会说话，或者是不会说别人爱听的话，结果总是让自己活得很辛苦；但是恰恰相反的是，有一些人没有文凭，工作能力也一般，但是说出的话动听又有说服力，最终他们做什么事情都比较顺利。因此，我们如果能够很好地运用我们的口才，可为自己解决大大小小的问题，对于我们的生活，工作都有很大的益处。

第二章
会说话，大家都当你的听众

生活当中，没有谁不会说话，但是有的人说话让人听着心里就舒服，有的人说的话怎么听怎么刺耳。同样是说话，为什么差别这么大？因为，会说话的人，懂得如何说别人才愿意听。

说话，作为沟通手段，现在已经成为一种生存技能。因此，想怎么说就怎么说是不行的。尤其是在一些特定场合下，只有说得得体、说到别人心里去才能打动别人，让别人充分了解你的意向，最终达到你想要的交谈结果。

没有人是天生的说话高手

在生活中，我们总能看到一些人口才非常好，跟别人交流起来，总是能够滔滔不绝、对答如流，让那些笨嘴拙舌的人看到羡慕不已。其实，很多会说话的人并不是天生的，有些也曾经是不善言辞的人。即便是那些令人钦佩的“名嘴”、演说家、播音员、节目主持人等，他们中有些认为自己从小并不善于言辞，也不是在任何场合说话都能赢得满堂彩。为什么他们现在都成了使用语言的行家呢？原因很简单，他们都是通过自己后天的努力，提升自己的表达技巧，让自己变成一个“能说会道”的人。

好的口才是人与人之间沟通的桥梁，能够让你和外界进行更好的交流。让你不但可以获得更多的信息，还可以结交更多的朋友，这对一个人的事业发展来说无疑是有利而无害的。看那些在社交中、工作中或者爱情中如鱼得水的人，他们多是善于表达自己，并且能让别人乐于接受自己想法的人。一个拥有好口才的人说出来的话大都能打动人。但是，好口才和其他的才能是一样的，都需要不断地学习、积累，谁也不可能一口吃成个胖子。口才好的人也是在一次又一次的交谈中、演讲中积累经验，通过观察别人掌握技巧，并不断提升自己的能力。

说话是一种艺术，也是一种诀窍，我们必须掌握这种巧妙的方法，然后才能有所获得。我们要想练就过硬的说话能力，就一定要刻苦训练。正如华罗庚先生所说的：“勤能补拙是良训，一分辛苦一分才。”

美国前总统林肯先生，在进入政坛之前因为口吃经常遭到别人的嘲笑。可是自从他立志要做律师之后，每天都坚持面对镜子或者到海边对着大海练习说话，来矫正自己的不足之处。经过千万遍的练习，林肯终于成功了！他不仅成为一位颇有名气的律师、演讲家，还踏入政坛，成为美国有史以来最为伟大的总统。

从林肯先生的故事中，我们得出一个道理：天生口才不好并不会阻碍一个人的发展，只要通过后天锻炼，完全可以把一个口吃之人变成一个伟大的演说家。只要刻苦勤奋、坚持不懈地努力练习，获得令人惊奇和瞩目的成功并不是一件不可能的事。

好的口才需要锻炼，需要你去和他人交谈。你会在不断地交谈中获得经验，从中掌握说话的艺术，这是一个永无止境的学习过程。当你参加某一个团体、组织或出席聚会时，不要只躲在一边观看，而要尽量与人交流，抓住各种机会勤奋练习。比如，主动协助他人处理一些工作，尤其是一些需要和很多人沟通交流的工作；设法做各类活动的主持人……这样，你就有机会接触那些口才好的人，可以向他们学习说话的技巧。

其实，说话的本领就是这样从工作和生活中锻炼出来的。因为社会中没有哪种活动是不必开口说话的。练习的机会越多，改进的机会也就越多。只有不停地练习，你才能知道自己可以进步到何种程度。所以，我们要勤奋学习、熟练掌握语言运用技能，全面了解受众对象，塑造良好自身形象，努力提高心理素质，成为一个在语言运用艺术上如鱼得水的人。

人如果没有良好的口才，可以说是一件很可悲的事，就好比鸟儿没有羽翼。没有说话这项本领，我们就很难表达自己，很难和别人进行良好的沟通，又怎么能构建良好的人际关系呢？这对我们的成功是极大的阻碍。尤其是年轻人，必须尽早去锻炼自己的口才，因为好的口才能够让你快速、和谐地融入人际关系网，最终成就你的事业。

话不在多，关键要说到位

有人说，话不在多，点到就行。意思是不管你怎么说，说多说少，一定要把话说到点子上，说到别人的心窝里。说话说到点子上，是会说话的一个重要表现。

据《墨子》记载，子禽问墨子："老师，一个人多说话有没有好处?"墨子回答说："池塘里的青蛙整天整夜地叫，叫得口干舌燥，却从没有人注意它。而雄鸡，只在天亮时叫两三声，大家听到鸡啼声就知道天要亮了，都注意它。"

说话是否精彩不在于长短，而在于是否抓住了关键。

古人云：山不在高，有仙则名；水不在深，有龙则灵。说话也是如此，话不在多，点到就行。在生活节奏紧张快速的现代社会中，没有人愿意花费大量的时间去听你的长篇大论。这就要求你在谈话时要做到言简意赅，一针见血。

说话要说到点子上，就是简洁而切中要害，要使人愉快和易于接受。交流思想、介绍情况、陈述观点时，为了能够使对方更快地了解自己的意图，往往要用凝练的语言。

在生活中，我们经常看到一些人喋喋不休、滔滔不绝而又词不达意、语无伦次，让人听而生厌；还有些人喜欢夸大其词，说话不留余地，没有分寸。这样的说话，表面看起来好像是能说会道，其实结果恰恰相反，没给人留下好印象。因此，我们在开口之前，应先让话在脑子里转个圈，把废话过滤掉，简单明了，一开口就往点子上说，不要东拉西扯，让人不知所云。

话要怎样才能说到点子上呢？在这里有几条建议可以作为参考：

1. 说话要因人而异

一个人说话要懂得拿捏好分寸才会受欢迎，要能够根据不同的情况、不同的地点、不同的人物来进行沟通。简单的理解就是，要因人而异，根据不同的场合选择不同的表达方式。

战国时期著名的纵横家鬼谷子在其著作《鬼谷子》中总结出与各种各样的人交谈的方式：

> 和聪明的说话，要见识广博；和见闻广博的人说话，要有辨析能力；与地位高的人说话，态度要轩昂；与有钱的人说话，要豪爽而不自卑；与穷人说话，要动之以情；与地位低下的人说话，要谦逊有礼；与好斗的人说话，要态度谦逊；与勇敢的人说话，不能稍显怯懦；与愚笨的人说话，可以锋芒毕露；与上司说话，须用奇特的事打动他；与下属说话，要用切身利益说服他。

有些人说话口无遮拦，甚至不经过大脑思考脱口而出，这类话空洞而没有内涵；有些人说话口是心非，前后不一，这样的话虚伪而没有实质。说空洞的话和虚伪的话都不能提倡。但我们在说话时必须根据说话场合讲究一点方式方法，也就是说话的方式要因人而异，所说对象不同、场合不同，方式也就不一样。

2. 切莫“哪壶不开提哪壶”

俗话说“花钱要花在刀刃上，敲鼓要敲到点子上”，说话同样也是如此，需要洞察对方心理，了解对方的心理需求，切莫“哪壶不开提哪壶”。

有这样一个故事：一位老人问另一位老人多大岁数了。对方不愿意如实相告，就打哈哈说自己也记不清了。问者却不知趣，也不知是反应迟钝还是什么，依然穷追不舍地问人家属相是什么？对方无奈，说出属相。问者竟认真地用手指掐算起来，并且说："七十三岁了，门槛，当心啊。"真是哪壶不开提哪壶，被问者听了十分生气。

在社会上，我们的周围这种不顾及别人感受的人还真是不少。比如，一些人喜欢打听别人的工资、退休金有多少；一些人喜欢打听女性的年龄、体重等。殊不知，这正是人家忌讳别人问的。所以说，我们尽量不要提及和打听这些人家忌讳的事情或隐私。也就是说，和别人说话，也要有所顾忌：不该说的不说，不该问的不问。

3. 学会察言观色

有些人心里的想法，都会表现在脸上；也有些人喜欢掩藏自己的心思，或者不擅表达自己的情绪，但是稍加观察都可以从他们的言行中发现一些端末。

言谈能告诉你一个人的地位、性格、品质以及流露内心情绪，因此善听弦外之音是"察言"的关键所在。

如果说观色犹如察看天气，那么看一个人的神色犹如"看云识天气"般，有很深的学问，因为不是所有人所有时间和场所都能喜怒形于色，相反是"笑在脸上，哭在心里"。

停顿不是"嗯""啊""呀"

人们常常以为一个说话总是滔滔不绝的人，就是一个会说话的人。而生活中，有些人也常常以自己说话"滔滔不绝"为荣。殊不知，许多自我感觉良好的人，像"机关枪"一样的表达方式其实让人都无法忍受。滔滔不绝地"演讲"，即便刚开始让听者精神为之一振，但次数增加、时间增加，就悄然质变了。

人们在说话时肯定都需要停顿的，不可能一直说个不停。因此，说话的时候一定要学会停顿，尤其是在关键的时候，停顿往往能够给人带来意想不到的收获。

即使是世界上顶级的演讲大师和口才大师，也无法保证自己所说的每句话都会受到所有观众的喜爱，毕竟"众口难调"。当听众们出现注意力不集中、哈欠连天、交头接耳的情况下，该如何来应对呢？很简单：停顿一下。只要你一停，观众马上就会静下来，他们的第一反应是"怎么不说了"，这样也就可以让大家把注意力重新凝聚到你身上。

俄国早期的马克思主义者普列汉诺夫有一次在瑞士日内瓦进行演讲，题目为《无产阶级和农民》，当时会场中有人蓄意搞破坏，将场内的秩序搞得十分混乱，基本上没有人在认真听演讲。面对这种情况，普列汉诺夫并没有慌乱，而是沉着冷静地大声说："假如我们也想通过这种方式来同你们斗争，那么我们来的时候就会……"说到这里，他故意停顿了下来，场内也突然安静了下来，所有人都看着普列汉诺夫，想知道他接下来会说什么。普列汉诺夫接着说道："那么我们来的时候就会带着冷若冰霜的美女！"这句话一出口，会场上便轰动了起来，演讲也得以继续下去。

为什么一个小小的停顿，就可以带来如此效应呢？其实因为这个停顿唤起了听众的好奇心，他们十分期待停顿后面的话究竟是什么，于是他们的无意注意便转化成了有意注意。

“没有一点声音，没有任何喝彩，只有那震耳欲聋的寂静。”这就是停顿所能达到的最佳传播效果。那么，究竟什么时候该停顿呢？很简单，当谈话进行到承上启下的地步时，也就是要提出重点或是总结思想的时候，就需要停顿。当然，停顿不仅仅限于声音的停顿，还可以配以动作、手势一同进行。

不管是在生活中还是在工作中，当面沟通还是电话交流，对上还是对下，我们在对话时，一定要懂得停顿，适时适度地停顿。停顿不仅仅是为了言者“休息喘气”，也是一种礼貌的表现，是对听者极大的尊重，更重要的是能让听者参与进来，产生互动，从而达到真正沟通的效果。同时对于演讲者可以更好地理清思绪，拉回偏离的方向，讲错的东西可以及时补救，后面的言语可以更加井然有序。

“您好，是王总吗？我是某某公司的业务经理，今天给您打电话是为了向您推荐一下我们公司新出的产品，这是我们最新研发出来的，希望您……”在日常工作中，这种说话的方式是不是经常听到？这就是典型的不懂得停顿的表现。通常情况下，这样的谈话方式也会遭遇无情的拒绝，对方甚至可能不等你说话便挂掉电话或者你噼里啪啦地讲完，对方来一句“啊？你刚说什么”。此时的你，或许还会感到郁闷，明明已经说得够详细的，为什么对方却完全不为所动呢？学会停顿，情况就会有所改观。

那么，究竟该如何停顿呢？当你说完“你好，是王总吗”，接下来要做的就是闭嘴，等待对方问一句“你好，请问你是哪位”。也许很多人都觉得这样做没有实质性的意义，但其实并非如此，简单的一个停顿就掌握了谈话的节奏，这时候他会更加认真地听你接下来会讲什么，也就增强了沟通的成效，不论你是要预约拜访或者推销东西，成功的概率也就大大提高了。假如你滔滔不绝地讲下去，很容易会使别人产生急促感，思维跟不上，也就对你所讲的话“不知所云”了。

停顿的含义非常丰富，它既可以表示深思熟虑，又可以引起听者的注意，还可以给自己留下思考的空间……总之，适当的停顿，能够为演讲带来不同的效果。

只有真正学会和掌握了停顿，才能成为说话高手，才能让你更“惹人喜欢”。

别急，看清场合再说话

一个人，不管他多么能说会道，假使他说话不懂得分场合，那么他不管他多善言辞，也很难有所成就。人在不同的场合，面对不同的人，就应该采用适当的说话方式和内容，这样才能收到理想的言谈效果。一个人在说话的时候，如果不注意自己的身份，不分场合，信口开河，就算你确实说了实话，但是留给别人的印象肯定是很不好的。这样的人很难成为一个人受欢迎的人，人际关系又怎么能好得起来呢？

要想成为一个成功的人，就要懂得说话的分寸！不是所有的话题在任何时间、任何地点都适合拿来公开谈论。要看场合说话，正式的场合说说笑笑是不恰当的表现，欢庆的场合说丧气的话是不恰当的表现……这些不恰当的表现有时候甚至会引起不必要的麻烦。

俗话说，到什么山唱什么歌。说的就是说话要看场合。说到谈话的场合，在不该开口的时候，要做到少说话并适当地缄默；在该说的时候，就要注意所说的内容、意义、措辞、声音和姿势。无论是探讨学问、接洽生意，还是交际应酬、娱乐消遣，我们要尽量使自己说出来的话重点突出、具体而生动、与所处场合相符合。有时候某些人的谈话虽然没有错误，但是因为不符场合，造成了不好的后果。

曾经有报载，葡萄牙的环境部部长因不看场合说了句不恰当的玩笑话而丢掉了“乌纱帽”。事情是这样的：

葡萄牙的阿连特加地区的水中含铝超标，已经致使 16 个人因脑受损医治无效而先后死去，医院里还有些同样的病人处于危险状态。

政府决定彻底查清原因，采取防治措施。为此，环境部、卫生部的负责人、专家和有关的医生们在米纽大学举行讨论会。会后休息时，环境部部长指着医院的几个医生对大家开玩笑说："你们知道他们和阿连特加地区最近死去的那些人有什么关系吗？他们可以将那些人弄到回收工厂，从那些人的肾脏中回收铝。"

这当然是说笑话，怎么可能从人体中回收铝呢？但是，在这样的时刻和场合开这样的玩笑，实在是不应该。因而，虽然这位环境部部长事后声明道歉，但最后还是引咎辞职了。

大家都熟悉的《红楼梦》里的王熙凤，就是一个会说话的典范。她不光会说好听的话，更重要的是，她总能把握住场合说话。

在《红楼梦》第三回，林黛玉丧父后初登荣国府时，王熙凤的几段话就展现了她"会说话"的超凡才能。人未到，却先闻其笑："我来迟了，不曾迎接远客！"尚未出场，就先给人以热情的印象。

随后王熙凤拉过黛玉的手，上下细细打量了一回，仍送至贾母身边坐下，笑着说："天下真有这样标致的人儿，我今儿算见了！况且这通身的气派，竟不像老祖宗的外孙女儿，竟是个嫡亲的孙女，怨不得老祖宗天天口头心头一时不忘。只可怜我这妹妹这样命苦，怎么姑妈偏就去世了！"一席话，既让贾母悲中含喜，心里舒坦，又叫林妹妹内心感激。而当贾母半嗔半怪说不该再让她伤心时，王熙凤话头一转，又说："正是呢！我一见了妹妹，一心都在她身上了，又是喜欢，又是伤心，竟忘记了老祖宗。该打，该打！"

在现代社会里，仍然不乏这类"会说话"的人。他们通过这种巧妙的说话方式，赢得了周围人的赞赏。会说话的人之所以受人欢迎，是因为他能够看准场合说出应时应景的话。而作为一名要想处处受人欢迎的人，也需要学习这种本领。除了看清说话对象，根据说话对象的不同情况来确定自己说话的方向，同时还要注意观察说话的场景，避免说出不合时宜的话来。

说话要顾及场合。否则，再好的话题，再优美的话语也收不到好的效果，有时甚至会适得其反。试想，在跟朋友谈心时，像做报告那样拿腔拿调；在悲哀、肃穆的葬礼仪式上讲话，像相声演员那样通篇幽默之语，将会产生怎样的后果？所以说话一定要看场合。

幽默是愉快交谈的“万能钥匙”

在生活中，我们难免遭遇尴尬、无奈、争吵，这种情况下，许多人不知道怎么处理。在这时，适当地开个玩笑，说句幽默的话，不仅可以化解尴尬的局面，松弛紧张的情绪、活跃气氛，还能够拉近和他人之间的距离，增加和他人之间的感情。

伟大的哲学家苏格拉底说过：“善谈者必善幽默。”仔细观察那些成功人士、名人以及有所成就的人，无一不是言谈丰富、妙趣横生的人。因为幽默的语言不仅体现出他们优秀的能力、广博的知识，还为他们获得大量的人脉资源，为成功奠定了基础。

当我们在不同的场合、不同的场景、不同的人面前说话，幽默的语言总是能够让谈话进行得更顺利、更愉快。同时，幽默还是愉快交谈的“万能钥匙”，可以解决各种各样的难题。

1. 幽默可以拉近陌生人之间的距离

在人际交往中，尤其是对于有些腼腆的人来说，在和陌生人第一次接触的时候难免有些手足无措，不知道说些什么好。这个时候如果能适当地开个玩笑，说句幽默的话，不仅可以缓解紧张的情绪，活跃气氛，还能拉近和他人之间的距离。

2. 幽默是化解尴尬最好的方法

苏格拉底的妻子是一位性情非常急躁的人，经常当众让这位著名的哲学家难堪。有一次，苏格拉底在与几位学生讨论某个学术问题时，他的妻子不知何故忽然冲进教室叫骂起来，震撼了整个课堂。继而，他的妻子又提起一桶凉水冲着苏格拉底泼了过来，致使苏格拉底全身湿透。当学生们感到十分尴尬而又不知所措的时候，只见苏格拉底诙谐地笑了起来，并且幽默地说：“我早知道打雷之后一定要跟着下雨的。”虽话语不多，仅仅说了一句话，大家听了都欣然地笑了起来，更加敬佩老师广阔的胸襟和随机应变的能力。

3. *幽默是善意的解围方法*

一天，英国著名的文学家萧伯纳在街上行走。突然，他被一个骑自行车的“冒失鬼”撞倒在地，幸好没有受伤。骑车的人急忙把他扶起来，连声道歉，为自己的冒失感到自责。可是萧伯纳却略显惋惜地说：“先生，你的运气真不好。如果你把我撞死了，你就可以名扬四海啦!”

萧伯纳的幽默妙语，表现了自己的大度，同时把自己和肇事者从尴尬、紧张的窘境中摆脱出来，使得这件事得到了友好的处理。

4. *幽默是调节气氛的好办法*

在一次足球比赛中，一支球队与冠军失之交臂，但是教练并没有因此责备队员，他幽默地说：“现在的情况非常好，我们甩掉了冠军这个包袱，可以轻装上阵，全力以赴地去争夺冠军了。”教练的幽默，使得队员们明白了自身的处境，也明白了教练的苦心。教练的话在队员和自己心里建立了共鸣，队员们丢掉了思想包袱，全力以赴应对下一场比赛，为取得胜利而努力。

适度的幽默是一剂调味剂，适时地加一点，能够令气氛更融洽，能够令生活更美妙。

在很多场合里，幽默的话都能够引起人们的共鸣。适度的幽默不仅可以拉近与他人的感情，而且还可以拉近与他人的心灵距离。融洽的气氛是健康生活的必需品，适度的幽默更是健康生活中不可或缺的内容。幽默可以将痛苦转化为快乐，将郁闷转化为欢畅，每个人都愿与机智幽默的人交朋友。做一个幽默的人，你将成为受欢迎的人。

让“忠言”不再逆耳

很多时候，我们对家人、朋友、上司等等，觉得有许多话不得不说。明知道这些话说出口，必定让人不爱听，但是我们本着为了对方好，“良药苦口，忠言逆耳”，结果呢，非但没有得到对方的感激，反倒让彼此的关系变得糟糕。

我们常说“良药苦口利于病，忠言逆耳利于行”。其实，在向他人建议或者评价的时候，不一定都要用逆耳之言，也可以用顺耳之言。

据《列子》记载：春秋时，晋文公重耳率大军攻打卫国。有些大臣知道这是很不明智的做法，却又不知该如何阻止这场战争。大臣公子锄没有上朝直言相劝，而是在行军的路上讲了一个有趣的故事：他的邻居在路上遇见一采桑女，顿而起了爱慕之心。就在他暗暗打采桑女歪主意的时候，回头一看，却见一男子正在挑逗他的妻子，这可是他万万没有想到的。话虽然没有讲破，但公子锄所讲故事的喻义已经十分清楚了。你想去占卫国的便宜，也许人家正在打你的主意呢？晋文公恍然明白了公子锄的用意，于是掉转头率军回国。果然，晋文公还没有回到晋国，别的国家正开始攻打晋国的北部边境了。

短短一段故事，没有几句话却消弭了一场战争，也保全了自己的国家。

如果公子锄直言进谏，说不定会因为逆耳之言触犯晋文公。结果，非但不能阻止这场战争，若是惹怒了文公，恐怕公子锄连自身性命都难保。而他通过一个故事，曲折迂回地表明自己的想法，让晋文公恍然大悟，自觉地停止攻打卫国。由此可见，向他人提建议，主要是为了帮助对方改正缺点，避免失误，如果语言选择不当，出发点再好也不能达到目的。

在日常生活中，如果一个人遭到别人直言不讳的反对，而且言语尖锐，哪怕对方是好意，恐怕都会让人难以接受，甚至会引起反感、厌恶乃至愤怒情绪。其实这只是一个人正常的反应。大多数人平常都是听着顺耳的话，突然被人批评，怎么会听得进去。然而，有些人对这个问题认识不足。他们觉得，只要主观愿望是为对方好，于是不看场合，不顾谈话对象感受，自恃有理，弄得对方很难堪，结果事与愿违。

我们都有这种经历，我们并不是不愿意听别人批评，也不是不能接受批评。有时，我们还真希望有人来指正自己。我们看书请教别人，我们做了事情、说了话、写了文章、自己不会或不敢下判断，这时候我们何尝不希望有人能出来告诉我们哪点好，哪点有待改进。有的时候，我们因为别人能够忠实地、大胆地指出我们许多错误而对他感激涕零，念念不忘。可是，有些批评我们听了却觉得难受、委屈和气愤，感到自尊心、自信心都大受打击。

逆耳的未必都是忠言，至少在听者看来。忠言，首先是建立为了对方好，真心希望对方能够改正某个缺点，或者劝说对方不要做出某个错误的决断，同时还要注意语言的表达方式是否能被对方所接受。你的忠言，只有被人听进耳，记入心，领会得越深，别人才会觉得你说的是“忠言”。

让忠言不再逆耳，于人于己，都是大有益处的。提意见的目的是为了让听意见的人接受，然后加以改正。如果意见不能被接受，那就失去其意义了。所以，说话的首要任务是让对方接受。如果顺耳忠言更易被接纳，我们又何乐而不为呢？另外，人人都是有自尊心的，地位高的人对这种自尊心的维护就更明显一些。但无论什么人在被劈头盖脸地臭骂时心情都不会好，虽然由于涵养不同而表现的方式不同，但大都会产生抵触情绪。心有抵触又怎么会心平气和地接受建议呢？通过运用说话的艺术，把逆耳的话说得顺耳，效果就明显不同了。当然说话的艺术不仅只是语气柔和，态度好，言辞不过激，更重要的是善于抓住问题的本质所在，能一针见血地指出利害关系，使听意见的人能够明白并接受。逆耳的未必都是忠言，利用说话艺术更好地帮助人们及时改正错误，那才是真正的“忠言”。

融入生活，让说出的话有趣又有料

有人说，要想给别人一杯水，自己就要有一桶水。其实，这其中蕴含了一个普遍的道理——要想给予别人，就必须自己拥有的足够多。自己要拥有的足够多，就要先有足够的积累。比如说话，如果我们要说给别人听，首先就得自己有话可说。别看演讲时的几分钟，论辩时的几句话，就这几分钟、这几句话，也需要我们有丰厚的知识积累。

一个学识深厚、修养良好的人，大多能够谈吐自如，语言幽默风趣而又不失哲理的。相反，那些胸无点墨、腹中空空的人，无论他如何会说话，也不可能出口成章、妙语如珠的。所以，“有话可说”确实也不是件容易的事，要达到“言之有物”的境界，更要不断学习，力求充实自己

因此，一个人谈话水平的高低取决于他的知识和文化素养。知识丰富、文化素养高，谈话水平当然高；知识贫瘠、文化素养低，那当然说不出什么“东西”了。所以，一个人若想在社交场所中出口成章，大放异彩，就必需要注意丰富自己的知识和提高自己的文化素养。“工欲善其事，必先利其器”。

1. 跟随世界的脚步前进

跟随世界的脚步前进是充实自己的最好方法。每天的新闻、各种信息，广泛地阅读，这是最低限度的准备工作。如果你想在谈话中让人留下深刻印象，世界动向、国内政治形势、经济发展的趋向乃至科学新发明、新发现和世界所注目的地方或新闻人物以及艺术

名作、流行思潮的变化、电影戏剧新作品的内容等等，都应尽可能多地去了解。

你不能对每一个人都谈同样一件事情。

这里有一个小笑话：某君以口才见长，有人向他求教有什么诀窍，他说："很简单，看他是什么人，就跟他说什么话。例如遇到屠夫就谈猪肉，看见厨师就谈烹调。"那位求教的人问道："如果屠夫和厨师都在座，你谈些什么呢?"他说："我谈三明治。"由上面的故事可知，为了要应付社会上各个阶层的人们，你就得具备多方面的知识。

如果你能做到这一点，那么自然能够轻松应付各种人物。

2. 知识是任何事业的根本

有一家美容院，生意兴隆为当地行业之冠。有人去了解其中的奥秘，店老板坦白承认，完全由于他的美容师在工作时善于和顾客攀谈之故。但怎样使工作人员善于谈话呢?

"简单得很，"店主人说："我每月把各种报纸杂志都买了回来，规定员工们在每天早上未开始工作前一定要阅读，这样，他们会获得最新鲜的话题，自然会博得顾客的欢心。"

这不过是千百个例子中的一个。知识是任何事业的根基，你要使谈吐能适应任何人的喜好，更要丰富和拓展自己的知识层面。

会说话有很大一部分来于天赋，但好口才主要还是在实践中培养和训练而成的。当然，培养说话的能力没有现成的和固定的模式可以遵循，要因人因事而异。

语言是以生活为内容的，没有生活，话就无从谈起。而生活内容越丰富，谈话内容自然也越丰富多彩。因此，我们要想说出有水平高质量的话，一是要用心观察和体会生活的点滴内容；二是要积累各种知识。一个人谈吐风趣，首先要拥有聪明才智，而要拥有聪明才智，前提就是要掌握丰富的文化知识。知识丰富了，还愁与人交谈时找不出话题吗？

第三章
赞美的话要说到心窝里

俗话说："一句话把人说笑，一句话把人说跳。"到底什么样的话，能一句话把人说笑呢？当然是赞美的话了。因为，每个人都喜欢被人赞美。哪怕是完全不相识的人，一句赞美的话也足以让你心情愉悦。

"好话"人人都爱听

在如今的社会，会说赞美话的人，往往都能受到大家的欢迎。因为，世界上大多数人都无法对别人的赞美无动于衷，有时明知道对方说的是奉承话，但是听到耳里，内心还是免不了一阵高兴。

虽然古人教育我们"忠言逆耳"，但是人们还是更喜欢听顺耳的话。不然，历史上怎么会有那么多皇帝被谗臣小人所蛊惑的故事。是啊，谁不爱听好话呢？仔细观察后我们不难发现，在我们周围的人或多或少都在说着赞美别人的话，只不过赞美的方式不同而已。不管是一个人的为人处世，还是推销员销售东西，恰到好处的赞美往往能带来意想不到的效果。

比如，办公室里新来的同事，如果他们一来就夸赞你漂亮或者帅，你心里难道不高兴吗？说不定你就对他生出了"热心肠"，对他给予更多的帮助和支持，若是他们有什么需要指点帮忙的，你肯定会乐意为之。

当你逛商场时，服装店的小姐告诉你，你的着装很完美，搭配很出彩，挑选衣服的眼光很独到。即使一开始你表现得很不屑，但只要她依旧积极主动地跟你交流，那么你还是会被打动。那些溢美之词早已在你的内心引起了"共鸣"，不自觉中你的快乐和自信溢于言表，最终在她的情感攻击下，你会毫不犹豫地购买几件衣服。即便你知道这些衣服暂时并不需要，或者穿出去的概率也不高，但在此时此地你无法抗拒。

赞美的话每个人都喜欢听。俗话说"良言一句三冬暖"，人的价值一旦得到别人的肯定时，就会喜不自胜。我们可以慢慢总结出赞美的技巧——怎样的话更能打动人心。一个说话“好听”的人，自然会受到更多人的喜欢。同时，懂得赞美别人的人，可以少遭遇些麻烦，可能比别人更能办成事。

一位本科毕业的大学生去一家公司应聘，人事经理对他说：“你的表现虽然很不错，但是我们想招一个研究生，本科生我们暂时还不予考虑的。不好意思，你请回吧。”这位学生故作依依不舍状，动情地说：“各位老师能给我这次面试的机会，我非常感谢。我非常非常想加盟贵公司。贵公司产品在国内市场上具有很大的知名度，新产品已经进入国际市场，前途无量。假若我能有幸能成为贵公司的一员，我会感到无比自豪的。虽然无缘参与你们的朝阳事业，但我仍然衷心祝愿贵公司在事业上能够更上一层楼。”第二天，该学生就接到那家公司的来电，告知他，他已经通过了公司的面试，被正式录用了。

有时候，事情的成败往往决定于一次谈话。这话一点也不夸张。随着社会的进步，人们的文化视野、交际事业开阔了，有越来越多的场合需要公开地发表意见，展现自己的才华。笨嘴拙舌、词不达意会让你错失良机，而会说话、说对话的人常常能够赢得更多人的支持。

赞美是把攻心的利器

在人际交往中，如果要想获得一个好的人缘，不妨试着多多赞美别人。赞美不仅能够使人的自尊心、荣誉感得到满足，更能让人感到愉悦和鼓舞，从而会对赞美者产生亲切感，相互间的交际氛围也会大大改善。

恰到好处地赞美别人，让别人情不自禁地感到愉悦和鼓舞，从而对赞美者产生亲近感，使彼此的心理距离因为赞美而缩短、靠近。善于赞美他人，往往会成为你为人处世的有力武器。

赵娜在一家外企公司上班，在不经意间的一天，公司培训部聘请了一位社交方面的兼职讲师。幸运的是，她旁听了那位讲师的课程，学习了许多的社交知识。当课程即将结束的时候，赵娜回到办公室，对其他的同事说道："没想到他竟然是一个'大腕'，课讲得这么精彩，令我深感佩服，有些人天生就适合做讲师……"课程结束后，讲师离开的时候，向赵娜问道："你觉得这个课程讲得如何？如果能够提出一些宝贵的建议或意见，我将感激不尽，这样也有利于我个人知识层面的提高与发展……"这时，赵娜不慌不忙地重复着跟同事说过的话语："你简直是一个'大腕'，没有想到你的课程讲得如此精彩，我们都应向你学习才是!"听到她的话，讲师很高兴。就这样，他们成了无话不谈的好朋友。

故事中的赵娜仅仅用一句普通的赞美，为自己赢得了一位朋友。可见，赞美是处理好人际关系不可缺少的重要媒介。

只要别人有做得不错的地方或者具有某个优点，就要对其加以赞美。你的夸奖在打动别人的同时，也让自己的形象变得好起来，这样的人自然能够拥有完美的人际关系。因此，会说赞美话是与人交际必备的技巧。赞美话说得得体，会使你更迷人！

人际关系日益复杂的今天来说，多说赞美话不仅不是坏事，而且是好事。有心理学研究证实：心理上的亲和，是别人接受你的开始，也是转变态度的开始。由此可见，要想获得良好的人际关系，一个行之有效的方法就是给予别人真诚的赞美。在人际交往中，语言不仅是一个传递信息的方式，还是一种亲切的心灵交流。在夸奖别人的过程中，我们不仅能获得更多的好感，得到更多的支持，同时也可以在对方心目中留下美好的印象。既然说好话可以让别人开心，我们又不会因此受损，何乐而不为呢？

说好话也不能张口就来

爱听好话的人自然是很多，会说好话的人也越来越多。有时候，说几句好话想赞美别人一番，对方却不为所动，难道这人不喜欢被人赞美吗？事实上，并非对方不爱听好话，而是你的赞美没能打动他/她而已。

有个笑话说的是两个书生刚被任命去做县官，离京赴任之前，去拜访主考老师。老师对学生说："如今世上的人都不走正道，逢人便给戴高帽子，这种风气不好！"一个书生说："老师的话真是金玉良言。不过，现在像老师您这样不喜欢戴高帽子的能有几个呢？"老师听了非常高兴。这个书生出来以后，对另一个书生说："高帽子已经送出一顶了。"

也许大多数人会有这样一种心态，以为赞美别人只要说出赞美的话就行，或者只要态度诚恳，就能让别人欣然接受。其实不然，不是所有的赞美都能产生作用。有的赞美不仅无法引起被赞美者的注意，甚至可能令他们觉得厌恶。所以，赞美也要讲究技巧。每个人都有自己独特的个性，没有谁会喜欢千篇一律的赞扬话。既然要赞美，就要达到赞美的目的，使对方从你的赞美中感受到快乐、满足，不落俗套，感受到你真诚的心。

有些人可能自身本来就很优秀，被人赞美是常有的事。好话偶尔听一听，自然心花怒放，但是听多了，估计也听乏了。所以，赞美别人不但要真诚，还要有点技巧。下面几种赞美的技巧常常可以取得不错的效果。

1. 否定他人，肯定对方

下面两句赞美的话，哪一句能够打动你呢？一句是“我对人人都赞赏，对你也不例外”，另一句是“我很少佩服别人，对你是例外”。

估计更多的人会倾向后者。没错，前者在肯定别人的同时也肯定了你，但不如后者能让你有一种卓尔不群的感觉。

2. 欲扬先抑的赞美方式

与人交往的过程中，应该多赞美别人，不能轻易地贬低对方。然而，有一种形式的贬低，对方却是能够接受的，那就是欲扬先抑——先贬低过去，再抬高现在。如：

“开始我觉得你这人好像个性很差、很难相处的感觉，时间长了，我发现你其实是挺随和的一个人，我还挺喜欢和你这样的人交朋友的。”

“我觉得你以前的办事能力很不行，拖拖拉拉还不能保证质量。现在就很不一样了，雷厉风行的，而且质量非常有保证。别人还真是学都学不来。”

“他虽然以前很穷，日子过得也特别艰难，但是自己很努力，脑子又好，现在日子过得红红火火的，名声财富都有了。”

……

我们常常可以看到，有很多人发了财，生活富裕了，然后就会说：“我当年是多么贫穷，日子多么苦。”他之所以从容地讲述自己过去的“低下”，是因为他现在已经变得“高贵”，而且这些过去的不凡经历更能增加人们对他现在成就的景仰，从而使他更能充分地体现优越感。

3. 借“嘴”夸人

有的时候，我们为了赢得他人的好感，会通过赞美对方来拉近距离，倘若直接说：“你看起来好年轻”之类的话，不免有奉承之嫌。如果换种方式来说：“你真漂亮，难怪某某一直说你看上去总是那么年轻漂亮！”听到这话之后，对方必然会很高兴。因为在一般人的观念中，旁观者所说的话通常都是比较公正，比较实在。

我们在交际过程中，要善于借用他人的言论来赞美对方。这种方式，不仅让人觉得很自然，而且更能达到效果。一般说来，人受到不熟悉的旁观者的赞美时比受到自己身边的人的夸奖更为兴奋。生活中，假借别人之口来赞美他人，可以避免让对方以为你有吹捧之嫌，还可以让对方感觉到自己所拥有的赞美者为数众多，从而在心理上获得极大的满足。虽然每个人都爱听赞美的话语，但并非任何赞美之语均能使人感到愉悦。因此，在赞美一个人的时候，既要做到实事求是，又要运用一定的策略性手段。可以打动人心的赞美，往往能产生神奇的效果，甚至意外的收获。

赞美有度，才更容易让人接受

几乎每个人都喜欢美食，但即使是自己最爱吃的东西，吃得太多也会觉得腻。赞美也是如此。虽然人人都爱听好话，但是对他人赞美的话语并非就是多多益善。有时候，赞美的话说得过了头，反倒会弄巧成拙。

下面给大家讲一个日本超级保险推销员原一平的故事。

原一平到一位年轻的小公司老板那里去推销保险。进了办公室后，他便赞美年轻老板：“您如此年轻，就做上了老板，真了不起呀，在我们日本是不太多见的。能请教一下，您是多少岁开始工作吗？”

“17 岁。”

“17 岁！天哪，太了不起了，这个年龄时，很多人还在父母面前撒娇呢。那您什么时候开始当老板呢？”

“两年前。”

“哇，才做了两年的老板就已经有如此气度，一般人还真培养不出来。对了，你怎么这么早就出来工作了呢？”

“因为家里只有我和妹妹，家里穷，为了能让妹妹上学，我就出来干活了。”

“你妹妹也很了不起呀，你们都很了不起呀。”

就这样一问一赞，最后赞到了那位年轻老板的七大姑八大姨，越赞越远了。最后，这位老板本来已经打算上原一平的保险的，结果也不买了。

后来，原一平才知道，原来那天自己的赞美没完没了，本来刚开始时，对方听到几句赞美后，心里很舒服，可是原一平说得太多了，搞得他由原来的高兴变得不耐烦了。

恰到好处、恰如其分的赞美，才是得到事半功倍的效果的关键。在办公室里，常常有这样一群人，他们总是喜欢对着谁都是一阵吹擂，尤其喜欢向上司大献殷勤，以为这样就能够博得上司的好感，从而获得各种好处。事实上，这可能一点作用也没有起到，说不定还起了反作用。

某公司有一个特别爱拍马屁的人，只要一看到他们部门经理就马上赞美一番。无论是经理的发型、领带、衣服、裤子、鞋子等等，从头到脚都被他夸奖了一番。他自以为这样就能给经理留下好印象，殊不知，经理每次都被他夸张的赞美弄得很烦，但有碍于其他同事在场不好发作。

有一次，公司的一个重要的方案交给这个人做，做完后他自我感觉良好，交上去就一直等待着被经理表扬。经理果然喊他到办公室一趟，他以为他终于要被表扬了，说不定还要被提拔，心情很放松。进入办公室，他还没等经理开口，又开始夸赞经理的办公室布置得如何的好，经理这时脸色冷清地说："你嘴皮子的功夫倒是比你做方案的功夫好多了，看看你做的方案，出了这么多错!"

说赞美的话也有学问，并非是人人都能把赞美的话说到恰如其分。赞美也要适可而止，注意技巧，既能使对方欣然接受，不觉得赞美之言过火而心生烦躁，而且还要赢得对方对自己的好感，以达到其真正的赞美效果。赞美的语言是对别人言行举止或者身上的某个细节或者做事的成效的一种表扬，要使用得当，恰到好处，并非是越多越好。过分的语言，不切合实际的赞美，那就过犹不及了。

赞美其实是充满了奥妙无穷的一门学问，"赞美"的实质是能够抓住所赞美的事物的实质。生活中的有些人经常会犯一些错误，就是见了什么都说好，信马由缰，天花乱坠，不懂装懂，本来的赞美之言，听起来倒像讽刺。作为一个赞美者，赞美不适度，反而适得其反。因此，赞美别人一定要适可而止。赞美的尺度掌握得如何，往往直接影响赞美的效果。记住，恰如其分、点到为止的赞美才是真正的赞美。使用过多的华丽辞藻，过度的恭维、空洞的吹捧，只会使对方感到不舒服，不自在，甚至难受、肉麻、厌恶，其结果肯定是背道而驰。

背后的赞美更有杀伤力

我们都知道，在背后说一个人的坏话是会传到当事人的耳朵里，但是却很少想过，在背后赞美一个人也是会传到对方耳朵里。我们常常为了讨好别人，朋友、同事或者上司，拼命地想尽办法想说出些打动他们的话，但是很多时候却没看到什么效果。殊不知，在背后的赞美往往会有奇效。

有一家公司的经理，是一个很有才能的人，但是脾气比较古怪。由于经理对公司的经营有方，使得公司赢利丰厚。所以，经理难免心里飘飘然，希望多听到下属对自己的称赞和恭维。

刚开始，每当经理谈成一笔生意的时候，下属们都交口称赞，经理也很得意，心花怒放。可是时间久了，经理感觉这样的赞美太单一，也觉得这样的称赞缺乏诚意，有些索然无味了。就算有人当着他的面，把他夸上了天，他也显露不出一丝的满意。因此，当着经理的面，大家都不知道该赞美好呢，还是默不作声好。

有一次，经理又成功地谈成了一笔大生意，非常开心地和下属们开庆祝会。公司里新来的小彭一直都很景仰经理，这次更感觉经理是商业上的天才，因此，忍不住向身边的同事赞美起了经理，并表示能跟着这样的经理做事，真是受益匪浅，还说要以经理为目标。

后来，经理从别人的口中听到了小彭对自己的夸赞，心里十分开心，他满意地对大家说："像小彭这样工作努力又谦虚的员工，才是我们公司要培养的目标啊。"

很快，小彭就受到了经理的重用，职场生涯也因此平步青云。

所以，如果你要赞美一个人时，有时背后说的效果往往比当面说的效果要好。因为，当面夸赞一个人，别人也许会以为你是在讨好他，可能不会放在心上，而背后赞美一个人，往往让别人觉得你特别真诚，他也会打心底高兴，对你也会产生好感。换个角度想，如果有人告诉你，某某在背后说了你很多好话，你是不是也会特别高兴呢？所以，这样方式对每个人都是受用的。

《红楼梦》第三十二回中有这么一段：史湘云、薛宝钗劝贾宝玉做官为宦，贾宝玉大为反感，对着史湘云和宝钗赞美林黛玉说："林姑娘从来说过这些混账话不曾？若她也说过这些混账话，我早和她生分了。"凑巧这时黛玉正来到窗外，无意中听见贾宝玉说自己的好话，"不觉又喜又惊，又悲又叹"。

因为在林黛玉看来，宝玉在湘云、宝钗、自己三人中只赞美自己，而且不知道自己会听到，这种好话就不但是无意的，还是难得的。倘若宝玉当着黛玉的面说这番话，好猜疑、小性子的林黛玉怕还会说宝玉打趣她或想讨好她。

这就是为什么背后的赞美往往给比当面的赞美更起作用。背后赞美一个人，辗转传到当事人的耳朵里，其心里难免不沾沾自喜"原来我在他心目中是这么优秀啊"。一个人对真心佩服自己的人能不心生好感吗？

好听的话要说到点子上

有这样一个故事：

说有一个国王是独眼龙，而且还有一只脚是瘸的，有一次找很多人来给他画像。第一个画家很实在，就按写实的画法，照实画，国王知道这是自己真实的样子，但是画像上的确太丑了，第一个画家被杀了。第二个画家战战兢兢地把国王画的英明神武，毕竟有前车之鉴嘛，但国王觉得这是对他的嘲讽，第二个画家也被杀了。第三个画家很冷静地画完，国王看了以后很高兴，赏了他很多财宝，大家知道画的是什么吗？一个人只有一只眼，和一条好腿的人，第三个画家画的是：国王侧身拉弓射箭的情景。

所以赞美，不是要说得天花乱坠，别人明明没有那些优点，你说得再好也必然不能打动他。而有的人不喜欢他人赞美他显而易见的优点，因为他认为这些优点是很自然的事情，没有必要加以恭维。相反，如果是赞美他不易被人发现的长处，他反而会觉得更有成就感。

有一位知名的画家，人们每每对他的画风、创意等大加恭维，可是对于这些恭维，这位画家并不欢喜。

一次画展，一名记者见到这位画家，随口说了一句："您今天的衣服真有品位！"听完这句话，这位画家两眼放光，原来他一直有一个时尚梦，每次去画展等社交场合时都会对自己的服饰精心修饰一番。在别人眼里，这位画家的穿着总是很另类。"艺术家都这样"，大多数抱持这种心态的人，很少会把眼光停留在他的穿着上。

这名记者的一句话顿时让这位画家萌生出一种知音感。后来，这位画家干脆专门指定了这位记者负责他的全部采访。

我们赞美别人，总是喜欢从对方身上最突出的优点入手。但是，几乎所有的人都对这个人的这个优点赞美过了，时间长了，被赞美的人听腻了，这样的赞美就很难让对方兴奋起来。赞美别人要善于从小事着手，于细微之处见高下。注意赞美对方较不易为人知的优点。

一个人无论他怎么差劲，也会有一两个值得赞美的优点。例如一个年轻的女孩子或许长得不算漂亮，但可能她的牙齿长得很漂亮，或者皮肤很白等等。要善于抓住这些地方对其加以赞美。或许有的人根本不在乎这些小优点，但无论如何，你的赞美一定会使她心情愉快。如果你面对的是一位美貌的女子，如果你老生重弹，就算夸她沉鱼落雁、闭月羞花，未必能引起她多大的兴趣，如果你能找出她不易为人所知的优点，则往往可以使对方感到意外的惊喜。

心理学家指出："多数人只在几种特殊事物上喜欢让人恭维，这几种特殊事物未必就是他最杰出的地方、他的魅力之处。"如果你当着优秀人士的面去赞誉他们的才华和能力，他们是不会理你的。在他们看来，这种话没有意义；相反一些看似无关痛痒的话题，反而能激发他们的强烈兴趣，深得其心。

赞美越具体，越能打动人

某市召开发展规划大会，会议结束后，领导问身边的助理："我今天的发言怎样？听众有什么反响？"助手回答道："你的讲话非常精彩，不仅让大家清楚了我市目前的状况，也向大家展示了未来发展的美好前景，我们都深受鼓舞呢！"这种具体而恰当的赞美让领导感到欣慰。如果这位下属只是简单地说："你讲得真有水平""真精彩"……很容易让领导感到是在勉强应付，有拍马屁的嫌疑。

想让你的赞美效果倍增，就要学会具体化赞美。具体而详细地说出对方值得称道的地方，既能让对方直接感受到你的真诚，也能让你的赞美之辞深入人心。

有的人喜欢赞美别人，但是每次都是含糊其词，常常没能打动别人，还自讨没趣。因为含糊其词的赞美听起来很空洞，毫无诚意。而具体的赞美，往往说出的是细节的地方，会让别人觉得你很用心，从而拉近彼此之间的距离。

一家公司的经理和自己的太太带着一位翻译同一位外商洽谈生意。

外商见到经理得太太后，便夸赞道："你太太真是太漂亮了！"

经理客气地说道："哪里，哪里。"

翻译心想："怎么翻译'哪里哪里'呢？"最后，他翻译成："Where，Where？"

外商一听，心想："说你太太漂亮就是漂亮呗，还非要问具体漂亮在哪里？"于是，笑着回答："你的太太眼睛漂亮，身材好，气质好……"

说完，大家哈哈大笑起来，商业洽谈在愉快的氛围中开始了。

这虽然是一则笑谈，但是却给我们以启发：当你赞美别人时，一定要在心里问自己一个“Where”（漂亮在哪里，好在哪里，我佩服他哪里……），然后回答这个“Where”，你的赞美一定会因具体化而触动对方，甚至产生神奇的效果。具体化的赞美，效果显著，一定要多加应用。

赵小姐是一大型企业的总裁秘书，有一次，有三个客人都和她说要见他们的老总。

第一个客人说：“赵小姐，你的名字挺好的。”——她心里特想听听她的名字好在哪儿，结果，那位客人不再说了，巴结她也不真诚，让她觉得有些失望。

第二个客人说：“赵小姐，你的衣服挺漂亮的。”——她立刻想听自己的衣服哪里漂亮，结果也没有了下文，看来这位客人的话还是没有说到位。

第三个客人说：“赵小姐，你挺有个性的。”——她想知道自己有什么样的个性。他接着说：“你看，一般人手表戴在左手腕，而你的手表戴在右手腕上……”赵小姐一听，还真觉得自己有点与众不同，挺高兴的，就让他见了老总，结果签了一个十万元的单子。

十万元对赵小姐他们公司来说是一个不起眼的小单子，可对这几位客人来说却是一笔大生意。前两位没有达到目的，因为不懂得具体的赞美的妙用，只有最后一位用恰当的赞美之辞为自己赢得了商机。

不懂得用心而认真地观察对方，不管说出口的赞美之词多么有气势，也不见得能够打动别人。反而是从细节出发，具体地说出他的优点，表现出你足够的关注，对方自然能为之所动。

你太漂亮了，你很聪明，你真棒——这类缺乏热诚的、笼统的、空洞的赞美，有点像外交辞令，太程式化，给人以敷衍的感觉，有时甚至有拍马屁的嫌疑，让人怀疑你的动机不纯，容易引起对方的反感与不满。

然而，如果你能详细地说出她漂亮在哪里，他怎么聪明，他哪里让你感觉很棒，那么，赞美的效果将大不同。因为具体化可视可感觉，真实存在，对方自然能够由此感受到你的真诚、亲切与可信。那你想要赞美的效果，自然也就达到了。

第四章
会拒绝，别让不好意思坑了你

我们在生活中常常会不可避免地请求别人的帮助，当然也会遇到别人来拜托我们的时候。如果可以帮忙的事，轻易答应下来当然没问题，一来助人为乐，二来也为自己积累了一份人情。

但是，有时候，对于别人拜托的事，我们自己也是心有余而力不足。答应吧，万一完成不了还让自己受累；不答应吧，拒绝别人又觉得好为难……怎么办呢？这个时候，会说话又可以派上用场了，巧妙地说出“不”，既能拒绝别人，又不伤害两人的交情。

说“不”，不尴尬

生活中的你，是不是常常有这样的经历：明明想对别人说“不”，却硬生生地把这个“不”字吞到肚子里去了，而违心地从嘴里蹦出来个“是”字？可是后来又越想越不对劲，心里说着“我其实当时应该拒绝他的”“这个忙我根本就帮不了”“我自己的事情都没有做完，怎么办”……于是你开始自责、懊悔，为应承下来的事儿忙得焦头烂额。

不懂得拒绝的人，无论是面对上司的命令、顾客的要求、同事的请托以及工作中的任何突发状况，似乎都只能默默承受。因为他们觉得，如果自己说“不”，可能会面临一连串的麻烦：上司的不满、顾客的投诉、同事的芥蒂……于是，为了维护自己的人脉，为了提升自己在同事间的口碑，为了让自己在工作上少一些阻碍，许多人在面对各式各样的请托和要求时，选择了接受，让自己陷入了难堪的局面。

只是，这样做正确吗？不妨看看以下案例再做判断。

张涛和李辉大学毕业后同时进入一家通信公司实习。这家公司可以说是全球无线通信行业的霸主，几乎在世界各地都有它的制造厂。能够进入这家公司，是求职者的梦想，因此张涛和李辉两人都十分重视这次的实习机会。因为按照惯例，这家公司会从每一批实习的人员之中选择最优秀的一位留下来。

在进入这家公司之前，张涛便做足了准备。他觉得想要留在这家公司，上司的推荐和同事的口碑应该十分重要。因此，在进入这家公司之后，他为了获得大家的认可，对于所有同事都有求必应，虽然常常因此把自己的工作做得不够好，但是他每次得到同事的感谢与称赞就觉得这样也值了。大家见这小伙子那么热心，便也逐渐不客气了：甲让他帮自己带早餐、乙请他帮忙接孩子……哪怕这些是与工作毫不相干的事情，张涛全都接受，毫无怨言。

而李辉却截然相反，有人请他帮忙的时候，他似乎总以自己的事情还没做完为借口推托，渐渐地，请他帮忙的人越来越少。因此，大家对张涛的评价越来越高。

三个月的实习时间很快结束了，转眼就到了宣布最终结果的时候。看着被叫进经理办公室的李辉，张涛暗自欣喜："谁教你不注意人际关系，只顾着埋头做事。能留下来的人一定是我。"

半个小时后，李辉从经理办公室走出来，带着平静的表情开始收拾自己桌上的东西。张涛正准备上前安慰他一下，却猛然发现情况似乎有些不对劲。原来，李辉在收拾完自己的东西之后，并没有离开，而是把这些东西放在另一张配有电脑的办公桌上，而那张桌子，正是为留下来的那个人所准备的。

就在张涛愣神的时候，有人拍了拍他的肩膀，示意他到经理办公室去一趟。怀着惴惴不安的心情，他来到经理办公室。

"张涛，这三个月来，你的表现大家都看在眼里。你很热心，同事们对你的口碑很好。说实话，站在朋友的立场，我很想留你下来。可是，站在公司的角度考虑，我们需要的是能在工作上做出成绩的人。在这段时间里，我很遗憾地看到你的主要精力并没有放在本职工作上。所以，我只能祝福你在新的公司一切顺利……"

生活中的你，是否有也过这样的经历：对于他人的要求，有时出于面子，有时为了不得罪人，不好意思拒绝，而只好勉强自己，违背自己的意愿，做了不是自己分内的事，还因此耽搁了自己应该做的事。

其实，很多人都会有过这样的经历。实际上，拒绝别人并不代表你对他不友善，也不代表你冷酷无情，没有人情味。不管对谁，只要你不想做或者违反原则，就有权利说“不”。

要懂得在适当的时候说“不”，拒绝别人不一定是件坏事。如果你没有时间，没有能力帮助别人，那么拒绝别人的请求是你正确的选择。否则，问题拖下去只会越来越难解决。很多时候，正是因为你不懂得说“不”，才让自己陷入“被逼无奈”的窘境当中。更重要的是，这种草率的决定还会打乱自己的计划和安排，使自己的工作与生活陷入被动。长此以往，你将无法享受给予和付出所带来的真正快乐，正常的人际交往与互动都会沦为一种负累。

总之，笼络人心对职场人士来说固然重要，但这并不代表我们在任何时候都不能拒绝。其实，根据实际情况，适当地对周遭的人说“不”，善于分辨什么是自己应该做的，拒绝那些对自己不利的干扰，这才是真正懂得工作的人所应具备的正确态度！

真心说“不”，倒出你的苦衷

不管是在生活还是职场中，我们常常都会遇到这样的问题：一位朋友或者同事突然开口，让你帮个忙。问题就在于，这个事情对你来说，已经有些超出个人能力范围。答应下来，自己忙上忙下，还不一定能够圆满完成；如果直接拒绝，面子上又实在磨不开，毕竟大家都相熟已久了。但是，应该怎么说，才能既不得罪人，又能达到拒绝的目的呢？

有人会直接对他说：“不行，真的不行！”如果你真这么说了，当然拒绝的目的是肯定达到了，但是可能因此失去一位朋友，甚至还会影响个人的口碑。有人会推托说：“我能力不够，其实某某更适合。”那你有没有想过：当朋友或同事把你的这番话说给某某听时，他会做何反应？有人会不好意思地说：“我真的忙不过来。”这个理由还算不错，可是只能用一次，第二次再用时，朋友或同事一定会用疑惑的眼光来看你。

那么，到底应该怎样说出那个重要的“不”字来呢？

1. 不妨先倾听一下，再说“不”

在工作中，往往每个人都会遇到这种情况，当你的朋友或同事向你提出要求时，他们心中通常也会有某些困扰或担忧，担心你会不会马上拒绝，担心你会不会给他脸色看。因此，在你决定拒绝之前，首先要注意倾听他的诉说，最好的办法是，请对方把自己的处境与需要，讲得更明了一些，自己才知道如何帮他。接着向他表示你了解他的难处，你若是易地而处，也一定会如此。

“倾听”能让对方感到自己被尊重，在你婉转地表明拒绝之意时，要尽可能避免伤害到对方，还要避免让人觉得你只是在应付他而已。如果你的拒绝是因为自己有一定工作负荷或者压力，倾听可以让你了解清楚对方的要求是不是你分内的工作，而且是否在自己的能力范围内。或许你仔细听了他的请求后，会发现协助他助于提升自己的工作能力与经验。这时候，你在兼顾自己工作的原则下，牺牲一点自己的时间来帮助对方，对自己也是绝对有帮助的。

“倾听”的还有一个好处是，虽然你拒绝了他，但你可以针对他的情况，建议如何取得适当的支援。若是能提出更好的办法或替代方案，对方一样会感激你，甚至在你的指引下找到更适当的方法，这样也会事半功倍。

2. 说明拒绝的理由

拒绝在某种意义上，其实就是一种辩论。别人会想尽办法试图说服你接受，而我们则必须让对方了解或明确自己不能接受的原因。如果我们要让对方心服口服，就必须说出一个值得信服的理由。当然，选择权在我们手上，即使没有理由，我们也可以选择拒绝对方，只是这样的态度，可能会让对方感到极度不悦。

3. 不要过多地解释

有些人为了抚慰对方“受伤的心灵”，往往在拒绝之后，说出一大堆安慰的话，或为自己的拒绝找各种理由。其实，这是画蛇添足，因为太多理由，反而让别人觉得你是在借故搪塞。所以，拒绝对方只要说清楚理由就行了，不要解释过度。

在说“不”的过程中，若只是随随便便的敷衍了事，对方其实都看得到。这样的话，有时让人觉得你是一个不诚恳的人，对你的人际关系伤害更大。

总之，只要你真心地说“不”，让对方了解你的苦衷，你会达到成功拒绝别人的目的。

向领导说“不”，要拒而不绝

你已经忙得焦头烂额了，上司又给你分配了新的任务；明知道是不能完成的任务，上司还非要你完成；三天内不可能完成的计划书，上司却偏偏只给你三天时间……在工作中，你是否也会遇到类似这样的来自上司的不合理要求？

一天，公司经理指着厚厚一叠文件对刚到公司不久的秘书小刘说：“小刘，请你今晚把这一叠文件全部给我打一份出来。”小刘听到这话，看看讲稿，面露难色说：“这么多，能打得完吗？”“打不完吗？那就请你另觅轻松的去处吧！”恰巧经理正在气头上，于是小刘被“炒了鱿鱼”。

与小刘相同的是，小赵也曾遇到过上司这样的要求，但是小赵的拒绝方式不同，却得到和小刘不同的结果。

“小赵，你今晚务必把这一叠报告整理好。”主任指着厚厚一摞报告对秘书小赵说。

小赵看着厚厚一摞报告，心里非常为难。于是，他用充满内疚的眼神走到主任面前说：

“主任，对不起。我今晚恐怕没有时间完成这项工作，因我还有其他的重要文件需要处理，其中一些是你明天早上需要用的演讲稿。我都必须把它整理出来。所以，真的不好意思。”

主任听了，笑了笑说：“没关系的，这个也不急着用，你慢慢整理吧！等你整理好了，再把它拿给我好了。”

小赵没有直接拒绝主任说今天晚上完不成，而是让主任知道他的苦衷和难处，暗示自己今天晚上没有把握把报告整理出来。这就是很好的拒绝方法。

小刘的被“炒”实在令人惋惜。然而，像小刘这样生硬、直接地拒绝上司的要求，给上司的感觉是她不服从上司安排，完全不把上司的威信当回事，被“炒”也就难免了。

在工作中，当上司提出了一些明显不合理的请求时，这就需要我们认真考虑好，自己是否有能力去完成。把自己的能力与事情的难易程度以及客观条件是否具备结合起来考虑，如果认为自己不能接受，就要选择适合的方法加以拒绝。跟上司说“不”，确实不是一件简单的事，要会巧妙地运用各种技巧回避锋芒，避免与上司直接对抗。那么，怎样才能让上司听到了你的“不”以后而不会生气呢？

1. 理由一定要充足

首先，而应先谢谢上司对你的信任和看重，并表示很乐意为他效劳，再含蓄地说明自己爱莫能助的困难。比如，“现在我手里跟进的项目，全部都要月底才能完成。其他人对这几个项目都不熟，若是现在让我去接新的项目，这些项目可能会出问题。”这样，充足的理由、诚恳的态度一定能获得上司的理解。

2. 不可一味地拒绝

尽管你拒绝的理由冠冕堂皇，但是上司也许仍坚持非你不行。这时，你便不能一味地拒绝，否则，上司可能会以为你只是在推托，从而怀疑你的工作干劲和能力以至失去对你的信任，甚至在以后的工作中，也会有意无意地使你与机会失之交臂。

3. 提出周全的方法

如果上司仍然坚持让你去完成这项工作，这时，你要仔细考虑，千万不可因上司没有答应你的要求而怒气冲天，拂袖而去。你可以坐下来与上司共商计策，或者说：“既然这样，那么过一天，等我手头的工作告一段落，就开始做，您看怎么样?”你也可以向上司推荐一位能力相当的人，同时表示自己一定会去给他出点子、提建议。这样，你就能进一步赢得上司的理解和信任，也会为你以后的工作、生活铺开一条平坦的大道。

总的来说，拒绝上司意味着可能会得罪上司。人际交往尚且如此，若在工作上遇到类似事件，则可能造成更大麻烦。尤其对于年轻的职场新人来说，这是一个很让人头疼的问题。如果拒绝不当，可能令上司误会你是在逃避责任，或对自己能力的不确定。如果他今后不再安排什么任务给你，千万别沾沾自喜，以为自己走运了，因为公司永远不需要做不了大事的员工。长期以存在感超低的状态持续下去，不久就会被列入“留待察看”的行列。

因此，不管你拒绝的是公事还是私事，都需要很大的勇气。虽然，对上司说“不”不是令上司非常愉快的事情，但是如果能够掌握对上司说“不”的技巧，并在实践中有区别地加以应用，一定会“拒而不绝”，让上司在你的诚恳中理解你的不便之处，这样就不至于影响你的工作发展。

拒绝别人也要人情味十足

在人际交往中，我们常常会遇到一些难以答应的请求。但是，言辞生硬，直接回绝别人，往往造成不好的结果。而这时最好的方式就是委婉表达出自己拒绝的意思，让对方知难而退，这样既不伤朋友间的和气，也不违反自己为人处世的原则。

美国前总统富兰克林·罗斯福当海军助理部长时，有一天一位好友来访。谈话间，朋友问及海军在加勒比海某岛建立基地的事。

“我只要你告诉我，”他的朋友说，“我所听到的有关基地的传闻是否确有其事。”

这位朋友要打听的事在当时是不便公开的。罗斯福望了望周围，然后压低嗓子向朋友问道：“你能对不便外传的事情保密吗?”

“能。”好友急切地回答。

“那么，”罗斯福微笑着说，“我也能。”

这位朋友明白了罗斯福的意思，之后便不再打听了。

后来，罗斯福的这位朋友仍然和他交往着，感情并没有减淡，因为那人很清楚罗斯福做事一向是很有原则的。

在上面的故事中，罗斯福采用的是委婉含蓄的拒绝。在朋友面前既坚持了不能泄密的原则立场，又没有使朋友陷入难堪，体现了高超的语言运用能力。相反，如果罗斯福表情严肃，义正词严地加以拒绝，其结果必然是两人之间的友情出现裂痕甚至危机。拒绝对方，也要给对方留足面子。当我们用委婉的方式来表示拒绝，就不会使对方难堪了。

我们对别人说“不”，是维护自己权益的行为。但是在维护自己权益的同时，也应当尽量照顾到对方的感受。虽然拒绝要态度明确，但仍须通过各种语言的艺术，不要让对方感到难堪。

汉光武帝刘秀的姐姐湖阳公主在丈夫死后，看中了朝中品貌兼优的宋弘。有一次，刘秀招来宋弘，以言相探："俗话说，人地位权利高了，就要改换自己结交的朋友；人富贵了，也可以改换自己的妻子，这是人之常情吗?"宋弘回答说："我只听说'患难之交不可忘，糟糠之妻不下堂'。这句话的意思是：无论人是在生活贫困、地位低下还是富贵、地位高权得高时候，都不能把朋友忘记，最初的结发妻子也不能让她离开身边。"

宋弘深知刘秀问话的言外之意。但他进退两难。应允吧，违背了自己的人品，也对不起贫贱相扶的妻子；含糊其词吧，还会招来麻烦，毕竟是一国之君；直言相告吧，也不得体，又有冒犯龙颜之患，所以他也引用古语来"表态"，委婉而又直截了当地表明了自己的态度与立场。

说"不"固然不太容易，但说话高手们总会让自己的拒绝明确而合理。不但能够在委婉的语言中让对方免于难堪，给对方一个台阶下，同时也明确地表达出自己的意思，对方知难而退从而达到拒绝他人目的。

不干脆的拒绝，只会让你陷入被动

很多人在拒绝别人的时候怕得罪别人而影响彼此的感情，总是喜欢含糊其词。听得懂的人自然还好，能够明白这是对方拒绝的说辞；没听懂的人自然就会会错意，然后等待着对方帮助。或许等到某天，见事还未办妥，便又来说起：“你上次帮我办的事，怎么这么久都还没办好呢?”这时被求助的人可能会错愕：“自己什么时候说过帮忙的?”

虽然拒绝别人真的很为难，但是你要记住，不明确地表达拒绝，只会给对方造成不必要的误会，让双方都受到损害。

小王和小张是一起长大的好朋友。但是小王从小就勤奋好学，所以一直念书念到了研究生毕业，工作也是一帆风顺，后来一家知名企业的部门经理。而小张呢，从小就调皮捣蛋，所以高中毕业便出去打工了。但是小张这人一直不长进，虽然在社会上混了那么多年，却也没混出个什么名堂。最近听说小王在某家大公司当经理，便想去谋个好职位。

小张找到小王说：“小王，看在我们俩这么多年交情的份上，这个忙你可得帮我啊。”

小王其实很为难，因为他们公司有规定，学历至少是本科以上，但是鉴于好朋友，他又不好直接推脱，只好回答：“这个事有点不好办。首先，你的学历不符合规定，难度比较大，何况招人的名额有限。不过，我会尽力争取，当然你不要抱太大希望。”

小张听小王这么说，只觉得可能是有点难，但是小王尽力的话，应该没问题，就没有多想，回家安安心心地等着上班。可是等了两个星期，也没有收到任何通知上班的邮件或者电话，小张再次找到小王："你上次说帮我的忙，怎么还没消息呢?"

小王很为难地说："哥们，不是我不帮你，是真的不行啊，你也知道你的学历不符合我们公司的要求的，我实在无能为力啊。"

小张一听，生气地说道："你帮不了就帮不了啊，直接给句痛快话呀！浪费了大半天工夫，早干吗去啦?"

就这样，小张和小王闹掰了，二十几年的交情也因此没了。

因此就需要我们在拒绝的时候，不要因为过于照顾对方的颜面，而把话说得模棱两可。大多数人都不好意思直接说出拒绝别人的话，然而很多时候对方提出的某些要求很过分，不是我们自己力所能及的，这时拒绝的时候态度一定要坚决。何谓坚决？就是明明白白地告诉对方，这件事自己无法做到，让他另请高明。

"对不起，我真的帮不上忙"和"这问题恐怕很难解决"相比，后者显然会给被拒绝者带来更大的想象空间。当我们试图用一种很婉转的态度拒绝别人时，通常不会收到太好的效果。因为模棱两可、暧昧不清的拒绝，并不会让对方丧失希望，正所谓希望越大，失望越大。与其让对方抱着不切实际的幻想空等，不如在最初明确拒绝。

我们心里要明白，无论是坚决说"不"，还是委婉说"不"，最终要达到的目的都是相同的，即让对方知道自己的表态是决定性的，没有妥协余地。这种表态方法的差别仅限于语气上的软硬，而在表达的含义上需要准确无误。

总之，你的言语必须确实明白地表示出你自己的想法。很多事情虽一时能敷衍过去，但总有一天，当对方明白你以前所有的话都是托词时，就会对你产生很坏的印象。所以，与其如此，不如干脆一点儿，坦白一点儿，毫不含糊地讲"不"。

学会幽默地说“不”

我们都知道，幽默是可以化解尴尬的场面，幽默可以赢得陌生人的好感，幽默可以拉近陌生人之间的距离……幽默的语言总是有着神奇的作用，而在拒绝别人的时候，幽默也可以获得良好的效果。

现实生活中拒绝是一件令人遗憾的事，但却又是无法回避的事。有时候自己的至亲好友，从不开口求人，偶尔万不得已，求你一次，遭到拒绝，轻则失望，重则大发雷霆；有的患难之友，曾经在你困难时鼎力相助，如今有求于你，你心有余而力不足，但他不相信，指责你忘恩负义；有的恳求虽然合理，但迫于客观条件的限制，一拖再拖，始终无法得到解决。无论哪一种情况，拒绝别人都是一件难于启齿的事。一怕生硬地语言伤害打击到对方的心灵，二来又怕不恰当的拒绝破坏两人原本的关系。那么是否有一种两全其美的方法，既不会伤害别人的面子，还可以巧妙地拒绝呢？回答是肯定的。纵观中外历史，许多名人、伟人都善于使用特别的“语言武器”，很机智地拒绝对方，这种特别的“语言武器”就是“幽默”。

美国的有一位女士读过《围城》后，便给钱钟书先生打电话说，希望能够见一见钱钟书先生。但钱钟书先生向来淡泊名利，不爱慕虚荣，于是他就在电话中这样说道：“假如你吃了一个鸡蛋觉得不错的话，那你又何必要见那个下蛋的母鸡呢！”钱先生以其特有的幽默和机智，运用新颖、别致而又生动、形象的比喻，拒绝了那位美国女士的请求。

用幽默的语言拒绝对方提出自己难以接受的要求，不仅坚持了自己的原则，还能够保全别人的面子。这种幽默的语言，既不答应对方的不合理的要求，还避免了使对方尴尬，同时还可以营造一种轻松愉快的气氛，并且还可以显示出被提要求一方具有豁达大度的处世风格。

生活中，拒绝一个人是需要勇气的。因为拒绝就意味着将对方拒之门外，拒绝了对方的一片“好意”，有时会让对方很难堪。这时，我们要根据不同的场合和对象进行考虑，选择恰当的方法婉转地拒绝，不能因为自己的拒绝而伤害对方的情感。

拒绝不仅是一门艺术，更是一门学问，还可以很好地体现一个人的综合素养。当别人对你有所希求而你办不到，不得已要拒绝的时候，要学会幽默地拒绝他人。所谓婉言拒绝就是用温和曲折的语言，把拒绝的本意表达出来。同直接拒绝相比而言，幽默的拒绝更容易被接受。因为幽默的拒绝方式在很大程度上顾全了被拒绝者的颜面。

洛克菲勒是一个富翁，他在自己的一生中至少赚了 10 亿美元。但他深知，过多的财富会给他的子孙带来很多的麻烦，所以洛克菲勒将高达 7.5 亿美元的金钱都捐出去了。

然而，他总是会在捐钱之前，首先搞清款项的用途，从不随便捐钱。

有一天，在洛克菲勒下班的时候，在回家的途中被一个懒人拦住。那个拦路人向他诉说自己的不幸，然后恭维地说：“洛克菲勒先生，我是从 20 里以外步行到这里找您的，在路上碰到的每个人都说，你是纽约最慷慨的大人物。”

洛克菲勒知道这个拦路人的目的就是向他讨钱。但他并不喜欢他的这种方式，但又不愿意使对方感到难堪。怎么办呢？洛克菲勒想了一下，便对这个懒人说：“请问，待会儿您是不是还要按照原路回去？”懒人点了点头。

洛克菲勒就对懒人说："那就好办了，请您帮我一个忙，告诉刚刚碰到的每个人：他们听到的都是谣传。"

面对别人无理的要求，你想拒绝，但又为了避免使对方难堪，这时，你可以运用幽默委婉的语言拒绝。这样不仅表达了自己的拒绝意图，还会使对方易于接受。

幽默地拒绝别人是一种艺术。在拒绝别人的时候，我们可以引用一些名人名言、俗语或谚语的方式来作答，来表明自己的意思。这种拒绝的方式好处是很明显的，既增加了说话的权威性与可信度，还省去了许多解释和说明。

幽默的拒绝技巧体现了一个人灵活交际的能力，它有助于处理好人与人之间的关系，运用得好，可以达到文雅得体，幽然含蓄，弦外有音，余味无穷的奇妙境地。所以，在拒绝别人的时候，我们不妨试着用些诙谐、幽默的语言。

借“别人的意思”来拒绝

很多时候，拒绝的话总是让人难于启齿，甚至还要绞尽脑汁去想一些拐弯抹角的拒绝。其实，有时候拒绝别人你可以不用这么费神，关键是你要懂得借用“别人的意思”。

某造纸厂的销售人员去一所大学销售纸张，销售人员找到他熟悉的这所大学的总务处长，恳求他订货。总务处长彬彬有礼地说：“实在对不起，我们学校已同一家国营造纸厂签订了长期购买合同，学校规定再不向其他任何单位购买纸张了，我也是按照规定办事。”

这就是借“别人的意思”来拒绝。这个事件中，虽然是总务处长说出那些的话，但是执行的却不是总务处长的意思，而是“学校”，学校的规定，谁也无法违反，事情就这么简单。所以，借“别人的意思”来拒绝就是这么容易的。

以别人的身份表示拒绝，这种方法看似推卸责任，却很容易被人理解：既然爱莫能助，也就不便勉强。

一位和善的主妇说，巧妙拒绝的艺术使她一次又一次免受了推销人员的打扰。每当销售人员找上门来，她便彬彬有礼但态度坚决地说：“我丈夫不让我在家门口买任何东西。”这样，推销人员会因为被拒绝的并不仅仅是自己一个人而心理上得到了一点平衡，减少了被拒绝的不快。

人处在一个大的社会背景中，互相制约的因素很多，为什么不选择一个盾牌来挡一挡呢？比如说：有人求你办事，假如你是领导成员之一，你可以说，我们单位集体决定这些事情的，像刚才的事，需要大家讨论才能决定。不过，这件事恐怕很难通过，最好还是别抱什么希望。比如，某单位一位职工找到车间主任要求调换工种，车间主任心里明白调不了，但他没有直接回答，而是说："这个问题涉及好几个人，我个人决定不了。我只能把你的要求反映上去，让厂部讨论决定。"这就是表明并不是我不帮你的忙，而是我决定不了。对方听到这样的说服，自然也就只有知难而退了。

借"别人的意思"来表示拒绝的好处有：

1. 容易被人理解和接受；

2. 让对方觉得你很诚恳；

3. 表达出自己无法提供帮助的意思。

我们在生活或者工作中，有时候会遇到朋友向我们提出一些我们无法做到的要求，但又不能直接拒绝，这时，我们就可以用这样的方法来回绝朋友的要求。

张林在一家商场的电器部工作。一天，他的好朋友来买空调。把店里陈放的样品全部看完后，还觉得不满意，要求张林领他到仓库里去看看。张林面对好朋友，一时不知道该如何说"不"。忽然他灵机一动，笑着说："前几天经理刚宣布过，不准任何顾客进仓库，我要带你进去了，我就可能被责罚。"

张林借他人之口拒绝了朋友的要求，尽管朋友心中不大高兴，但毕竟比直接听到"不行"的回答要舒服些，也减少了几分不快。

第五章
麻烦别人，说出的话要中听

办同样的事，为什么有的人能一帆风顺，而有些人却屡次碰壁，弄得满鼻子灰？关键在于“怎么说”。大家都知道，语言是人们沟通的桥梁。想要别人帮助你，就必须掌握语言技巧。在求人办事的过程中，要运用巧妙的语言，把话说到对方的心里，为自己顺利办事凿开一条通道。

心想成事，首先得会张嘴

俗语说：一个好汉三个帮，一个篱笆三个桩。不论你是什么人，能人还是庸人，聪明人还是愚笨人，职位高还是职位低，现实生活中，有些事情仅仅依靠我们自己的力量去完成，是可望不可即的。这个时候就需要别人的帮助。求别人帮助，你就得具备一套过硬的嘴上功夫。“打鼓打在点子上”，这是我们经常听到的一句口头禅。不仅打鼓如此，说话亦如此。只要你能说人家爱听的、喜欢听的话，别人自然愿意为你“效劳”。

不难发现，同样的事，不同的人用不同的方法和语言表达出来，有的人能得到认可，有的人却只能被否定？办同样的事，为什么有的人能一帆风顺，而有些人却屡次碰壁，弄得满鼻子灰？所以，办成事的关键就在于“会说话”“说好话”。会说话的人，能通过其良好的谈吐，增进双方之间的友谊，缩短彼此间的距离。在办事的时候，会说话的人懂得用语言感动人、说服人，让对方接受自己的请求。只有语言动听得体，才能够打动别人。不要小看几句话的作用，有时候就是单凭几句话，就可以改变结果，使事情偏向对你有利的方面。

一天，一位老师傅开车带徒弟去乡下的河边拉沙子。乡下的路很难走，到处都是小石块。在回来的路上，“嘭”的一声，车胎爆了。他们虽然带了备用轮胎，却忘了千斤顶，没办法，师傅只好让徒弟向路边的人家借。

临走之前，师傅在徒弟耳边说了几句话，徒弟看了看师傅，半信半疑地朝路边的房子走去。果然，一会儿工夫，徒弟抱着千斤顶回来了，他高兴地对师傅说："师傅，一切都跟您说的一样，您太神了！"

原来，徒弟走到房子跟前去敲门，开门的是个中年男子，从他不耐烦的模样可以看出他并不是一个好说话的人，但徒弟还是按照师傅的吩咐，笑着说道："又有事要麻烦你帮忙。"中年人看了看这个陌生的年轻人，说："我想我并不认识你，你怎么说又需要我的帮助呢？"徒弟说："您家就在马路边上，尽管你没帮过我的忙，但也一定帮过不少人的忙，所以，对你来说，是又有事需要您帮忙了。"中年人听了徒弟的话，哈哈一笑，说："说吧，你有什么需要我帮忙的？"徒弟说："我们的车胎爆了，忘了带千斤顶。我想，肯定曾经有人也像我一样跟您借过千斤顶换轮胎，所以我也想跟您借一下千斤顶。"不过中年人并没有车，他也没有千斤顶，可他听了徒弟的话，觉得不帮忙似乎有点说不过去，于是放下手中的活说："虽然我没有，但是我知道哪儿有，走吧，我带你去借。"于是中年人骑上摩托车带他到一个朋友家借了个千斤顶。徒弟谢过中年人之后，便高高兴兴地捧着千斤顶走了回来。于是，也就出现了开头的那一幕。

事后，小徒弟问师傅说："师傅，为什么那个人本来没打算帮忙，但是因为我说了您教我的那几句话，他就那么尽心尽力地帮助我们呢？"师傅笑了笑，说道："这就是说话的艺术。如果你第一句话就问他'您有没有千斤顶，借我一下可以吗'，那肯定会被他拒绝的。但是如果你先称赞他助人为乐的精神，他自然也就不好意思将你拒之门外了。"

若想成就一番事业，求人办事是在所难免的，有时候，会说话在求人办事的过程中，起着不小的作用。大家都知道，语言是人们沟通的桥梁。想要别人帮助你，就必须有过硬的嘴上功夫。在求人办事的过程中，要用最巧妙的语言，把话说到对方的心里，为自己顺利办事凿开一条通道。

求人办事，要掌握好说话的时机

在现实生活中，我们常常会听到这一类的抱怨，“现在这个世界，办个事儿真难啊！唉！”。有些人在办事的过程中，既没有门路也没有关系——其实这也没什么，因为大多数人都是这样。关键在于有些人天生不善言谈，更不懂得看准时机。

求人办事本来也不是件容易的事，往往也要具备“天时、地利、人和”才能成功。谈话是一门艺术，有人谈起话来滔滔不绝，容不得其他人插嘴；有人为显示自己的伶牙俐齿，总是喜欢用夸张的语气来谈话，甚至不惜危言耸听；有人以自己为中心，完全不顾他人的喜怒哀乐，一天到晚谈的只有自己。上述这些人说话的内容可能很精彩，但却没有掌握好时机，是无法达到说话的目的的。因为听者的内心，往往随着时间变化而变化。因此，要想使别人愿意听你的话，或者接受你的观点，都应当选择适当的时机，时机对于说话时很关键的。

在某饭店工作的服务员王璐第一天上班，被分配在酒店 B 楼 4 层作台班。由于刚经过 3 个月的岗前培训，她自己对工作充满信心，自我感觉良好，一上午的接待工作也还算顺手。

中午的时候，电梯门打开，走出两位来自台湾的客人。王璐立刻迎上前去，微笑着说：“你好，先生。”看过客人的住宿证后，王璐边接过他们的行李，边说：“欢迎入住本饭店，请跟我来”。王璐领他们走进房间后，随手为他们倒了两杯茶，说：“先生请用茶”。

接着她便开始向客人介绍客房设备，这时一位客人说：“知道了。”但是王璐没有什么反应，仍然继续介绍着。还没说完，另一位客人在自己的钱包里拿出一张百元人民币，不耐烦地递给王璐。

“不好意思，我们不收小费的。”王璐嘴上说着，心里却想，自己是一片好意，怎么会被误解了。这使王璐觉得十分委屈，她说了一声：“对不起，如果您有事就叫我，我先告退。”

从这个例子中，我们可以看出，没有把握好说话的时机，即使说得再动听，也完全不能打动人，反而产生反效果。

我们常常看到这样的场景：一个推销人员，走进一家公司，但是大家都在埋头忙于自己的工作，可是推销人员没有办法，只能硬着头皮去打扰。结果如何呢？可想而知被拒绝了。说话时机不对只能自讨没趣，一个人要想把话说得恰到好处，把握住说话的时机非常重要。不该你说时你说叫急躁，该说时却不说叫隐瞒，不看对方脸色变化便贸然开口叫作闭着眼睛瞎说。在我们求人办事的时候，这些没有把握住说话的时机的行为，一定会成为失败的原因。

俗话说得好：“出门观天色，进门看脸色。”别在别人心情不好的时候麻烦人家帮你做事情。一定要注意对方所处状态，也要注意对方的情绪和心理需要，这就是时机。只有在合适的时候让别人帮你，别人才会帮你，你说话的时机不对，别人又怎么帮你呢？如果别人家正有不幸的事发生，你让人家帮你办事说一些开玩笑的话，别人会感觉你不尊重他们，是不可能帮你办事的。

因此，求人办事，一定要看准时机再开口。把握好说话的时机，说出的话自然贴切，能够引起人们的重视。不要以为只有在对方愉悦时的言语才有分量，有时抓住对方隐忍不发之机，坦诚直言，也可以有所收获。在适当的时间里，可以简洁、精准地表达自己完整意愿的能力，是把握说话时机不可或缺的一个要素。

你让别人帮忙办事时，在谈话当中你可以长时间保持沉默、仔细聆听，但最终你还是得开口说话。你必须创造机会发表自己的见解，让对方了解你的想法。在交谈中，说话的时机把握不好，再好的言语也是很难打动人心。

总之，求人办事一定要开动脑筋、注意观察，迅速找到双方的共同点，以此作为一种契机，并找到最佳的开口机会，与求助对象进行和谐投机的谈话。将最合适的言辞在最合适的时机下说出来，还有什么是不能成功的！

投其所好，营造好的求人氛围

无论是与人交谈，还是求人办事，“投其所好”是打动别人很好的方式。如果你能投其所好，说的话就能深入人心；反之，只会招来对方的厌恶，为自己带来一些不必要的麻烦。

例如，有位汽车推销员为了推销进口高级车，专程拜访一位企业家。可是，刚开始见面，他们并没有谈有关车的事，反而先拿出集邮册。原来他从企业家的秘书那里了解到，企业家的儿子迷上了集邮，于是企业家总是不辞辛劳，乐此不疲地替儿子搜集邮票。所以推销员就用这件事当话题，两人很快就有了共同语言，并且谈得很投机，最后在快要告辞时稍微提一下车子的事，当然很顺利地就把它卖出去了。

因此，与人交谈时，要尽量投其所好，否则就很难展开话题。有时因工作或生活的需要，我们必须与人对话或有求于人。用你的嘴说动别人的腿，要创造一种气氛，让对方无法回绝；勿贸然行事，让对方感到突然。求人办事，要想让人家痛痛快快答应，营造一种让人痛痛快快的气氛十分重要。而投其所好，就是营造良好气氛最好的方式。

老王为自己女儿安排工作时因一点小问题总也决定不下来，他知道有一个同事可以帮上忙，如让他出马事情便能顺利一些。但是，老王和这个同事关系很一般，要说这件事，他怕人家回绝；要不找人家，女儿的工作问题还会再耽搁下去。于是他便有意识和这个同事接近。这个同事和他有一个共同的爱好——下棋，他先不跟人家谈女儿的工作的事，而是先在一起共同探讨棋艺。在一次下棋两人都十分开心的氛围中，老王才向这个同事提起女儿工作受阻的事，同事一口答应帮忙。果然事情很快就办妥了。

有时候，为了达到自己的目的，要婉转地摸清对方的兴趣爱好，主动挑起话题，一步步深入话题，看时机成熟，然后话锋一转，把你真正目的亮出来。此时，对方跟你的距离早已在两人的交谈中越来越近，帮忙也就是情理之中的事了。

婴儿用品推销员大卫，很想在一家大型商场里举办一次婴儿用品促销活动。然而，他已经提出拜访商场主管八次了，眼看着距离自己预期的活动时间已越来越近，但商场主管还是没有理会自己，并且拒绝见他。万不得已之下，大卫只能寻求其他的接近商场主管的办法。经过多方打听，大卫得知这位主管是个超级篮球迷，并且还是凯尔特人队的忠实球迷。于是，大卫通过商场主管的秘书，递了一张纸条给主管："下周的比赛，肯定是马刺队大胜凯尔特人队。"

没曾想，五分钟不到，商场主管就让秘书请他进其办公室。

大卫一进门，商场主管就对他嚷道："马刺队怎么可能会赢！我认为一定是凯尔特人队大胜马刺队。"

大卫听主管讲完后才说出自己的见解，并且他坚持认为凯尔特人队下周肯定赢不了马刺队。

主管听得非常认真，兴致勃勃。这个时候，他们根本就没有谈促销的事情。在谈了两个多小时之后，大卫才起身告辞，并且拿出了一张门票递给主管说："票就在这里，抽个空，我们一起去看看这场比赛，看谁的预测准确，你意下如何？"

商场主管很高兴地收下了门票，并且还一个劲地坚持自己的判断肯定不会错。

临出门时，手上拿着大卫送的门票的商场主管忽然对大卫说："听说你准备在我的商场里举办婴儿用品促销活动？这样吧，我们一起策划一下。弄完了这事以后，我们再一起去看球赛，我要你和我亲眼看见凯尔特人队是如何狂胜马刺队的。”

这次的婴儿用品促销活动举办得很成功，大卫和主管也成了很要好的朋友。

许多有经验的人会想方法让对方喜欢、接受，使商谈获得成功。因为每一个人几乎都有这样的习惯：喜欢别人关注自己的事，谈论自己所关心的事。所以有必要多花心思研究谈话对象的喜好、品位，这样才能更容易达成目标。

投其所好的说话方式往往能够取得很好的效果，因为投其所好不但讨得对方欢心，还让两个人的关系走近了，这样别人自然愿意提供帮忙。

有求于人，不必低三下四

有些人觉得自己有求于人，感觉就比别人矮了一截，于是说起话来，低声下气。其实，求人的时候要想获得成功并不是靠卑躬屈膝。如果你是一个值得别人帮助的人，只要在言谈中表现出你的能力、实力，自然能够打动别人。

唐代诗人白居易16岁时到长安应试，向当时的名士也是著名诗人顾况求助，希望对方能推荐自己。

当时，白居易还只是一个无名小辈，地位已经很高的顾况自然有些瞧不起这个年轻人。一看见他姓名中的“居易”二字，顾况就嘲笑他说：“长安米贵，居不大易。”

言下之意是非常明显的，就是我为什么要帮助你这个无名小辈呢，帮助你在长安成名又有什么意义呢？但当顾况接着看白居易递上去的诗作，翻阅到其中《赋得古原草送别》一首，不由得精神一振：

离离原上草，一岁一枯荣。
野火烧不尽，春风吹又生。
远芳侵古道，晴翠接荒城。
又送王孙去，萋萋满别情。

这首诗写得极有气势，把自然界的草木荣枯与人生的离合悲欢联系起来。特别是“野火烧不尽，春风吹又生”二句，表现出一种饱受摧残，而仍然不屈不挠、奋发豪迈的精神。见此，顾况不由得击节赞叹，改口称赞说：“有才如此，居亦易矣！”顾况认为白居易是个值得自己帮助的青年，于是答应了白居易的求助，帮助白居易广交长安名人雅士，并在仕途上助他一臂之力。

白居易以不卑不亢的态度，用过人的才华为自己赢得了顾况的赞赏，也为自己赢得了成功的机会。求人时，不妨想想你有什么地方值得让人帮助你：向人借钱，是不是该让人知道你有多少还钱的实力；向人求工作，是不是该让他知道你的工作能力能为他带来多少获益；向人求爱，是不是该让他晓得你有值得对方爱的优点？

有求于别人的时候，态度自然不能狂妄自大，但也用不着低声下气。如果你是求人时的强者，则完全没有必要摆出居高临下的样子，而应该表现出自己平易近人，开朗、热情、主动，目中有人，尊重对方，再配上微微一笑，使对方感到亲切而温暖。这样，就会给双方创造一种友好亲切的气氛，解除那种由于你的身份、你的权力与经济实力带给对方的沉重压力。总之，身为强者的你应该放下架子，以缩短双方的距离，激发双方思想感情上的共鸣，以谦和的态度赢得对方信任并达到自己求人成事的目的。

而作为地位比对方低的求人成事者，则应该不为对方的权势所动，不为对方的身份、地位所左右，克服畏惧、紧张、羞怯、遮掩的不良心态，大胆地表明自己的来意。先使自己振奋起来，以一种“人对人”的不卑不亢态度来与对方会谈，尽可能地展示自己的才华，这样才能在求人成事时获得成功。

循序渐进，把握好说话的节奏

有些时候，我们在求人办事的时候，对方总是会对我们说："你有什么事就不要拐弯抹角了，开门见山直接说吧。"然而，当你真的开门见山地说的时候，对方却露出为难的表情了。事实上，开门见山、贸然提出请求这种直接的方式在求人办事时很难取得好的成效。求人办事应循序渐进，一步一步针对性地消除对方的重重疑虑。

美国斯坦福大学社会心理学家弗利特曼和弗利哲两位教授，曾同学校附近一位家庭主妇巴特太太做了个有趣的实验。他们打了个电话给她："这儿是加州消费者联谊会，为具体了解消费者之实况，我们想请教几个关于家庭用品的问题。"

"好吧，请问吧！"

于是他们提出了一两个例如府上使用哪一种肥皂等简单问题。当然，这个电话，不单单只打给了巴特太太。

几天后，他们又打电话了："对不起，又打扰你了，现在，为了扩大调查，这两天将有五六位调查员到府上当面请教，希望你多多支持这件事。"

按理来说，这实在是件不太礼貌的事，但也被同意了，到底是为什么呢？其实原因很简单，就是因为有了第一个电话的铺路。相反，他们在没有打过第一个电话，而直接有第二个电话要求时，却遭到了拒绝。

由此可见，向人有所请托，应由小到大，由微至著，由浅及深，由轻加重才是，如果一开始就有太大的请求，一定会遭到对方断然拒绝。因此，一点一点引别人接受，一点一点诱别人上钩，是求人办事的一大成功法则。

心理学家查尔迪尼在 1975 年为慈善机构募捐时，只不过多说了一句“哪怕是一分钱也好”的话，便募捐到多一倍的钱物。查尔迪尼这样分析说：“对人们提出一个非常简单的要求时，人们难以拒绝，因为他们害怕别人觉得自己不通人情；当人们接受了这个简单的要求之后，再提出一个比较高的要求，人们一般会更易接受。这是因为，只要你接受了别人一个微不足道的请求后，对于更大的请求便不会觉得有多困难，或不好意思再拒绝别人的请求。”

求人办事时，我们可以先通过一些小事，来拉近对方的距离。等两人的关系更近的时候，再表明自己的意图，这样，成功的概率会大大提高。

循序渐进的说法，要注意几个问题。

首先，你要清楚你最终要说的是什么，而后在渐进的过程中，层层深入，也就是，你之前说的都是为了后面做铺垫的。

其次，在说的过程中，不要脱节，一下子就从这个问题跑到另外一个问题，脱离主题了。否则，最后想说回主题来都难了。有人本来是想去找对方帮忙，然后想先做个铺垫，去对方家里拜访了解一下口风。看到对方家的装修很特别，想赞美一番拉近距离，结果就和这家主人聊装修，一直聊到差不多该告别的时候，才想起来自己是带着“任务”而来的。可是，也不好意思逗留太久，于是就这样无功而返了。

正话反说，容易让人接受

在日常生活中，当人们在请求别人的时候，总是喜欢从这件事的正面意义来说服对方，比如你为什么要这么做，强调这件事的动机和好处。其实，这样做有时候反而不能达到目的，因为这么做会让人觉得是被迫接受的，而非是出于主观自愿。

你也许意识不到，在求人办事的过程中，表达方法的不恰当会让对方产生抵触心理，从而拒绝你，那么你想要通过沟通达到自己的目的也会化为泡影。

西方管理学认为，怎样做往往比做什么更重要。

唐太宗李世民有次要杀掉总是触犯龙颜的魏征，长孙皇后闻后十分着急。

如果用大道理劝说李世民，李世民不仅不容易接受，反而会使事情变得更糟。于是，长孙皇后觉得换一种方式来劝说李世民。

长孙皇后对李世民说："自古以来主贤臣直，只有君主贤明，当臣子的才敢立抒胸臆、有话敢讲，今魏征敢于立言劝谏，全赖圣上贤明。"李世民闻后龙颜大悦，打消了要杀魏征的念头。

试想，如果长孙皇后一个劲地劝说李世民，不要杀了魏征，像魏征这样敢于直谏的臣子是忠臣，你若杀了他，你就是一个昏君，诸如此类，一定会惹得李世民更加生气，因此更加下定要杀魏征的念头。

《史记》中记载，秦朝时，有个很有名的人叫优旃。有一次，秦始皇要大肆扩建御苑，多养珍禽异兽，以供自己围猎享乐。大臣们虽然知道这是一件劳民伤财的事，但谁也不敢阻止秦始皇。这时，优旃挺身而出，他对秦始皇说："好，这个主意很好，多养珍禽异兽，敌人就不敢来了，如果敌人从东方来了，可以下令麋鹿用角把他们顶回去，就不用士兵了。"秦始皇听了不禁破颜而笑，而且改变了扩建御苑的决定。

优旃的话表面上是赞同皇上的主意，而实际意思则是说如果按皇上的主意办事，国力就会空虚，敌人就会趁机进攻。

这样表面上赞同了秦始皇，同时也保全了自己，更为重要的是它促使秦始皇醒悟，从而达到了自己说服的目的。

很多时候，我们总是习惯从一件事的正面意义去说服别人，但是对方却往往不为所动，还以为是自己说得言辞不够正义，于是更加用心用情，却让对方越来越反感。这个时候不妨反其道而行之。

正话反说的方法是办事说话时的一种常用方法。反说出来的话能使本来也许是困难的交往变得顺利起来，让听者在比较舒坦的氛围中接受信息。例如巧用语气助词，把"你这样做不好！"改成"你这样可能会产生某种后果，这种后果……"然后让听者自己理解这种后果的严重性，自然也就接受了你的请求或意见。

第六章
良好的人际关系，离不开一张会说的嘴

一个人要被别人认识与了解，就离不开和别人的聊天和交谈。而会说话的人，可以更好地展示自己，那些成功人士之所以能够取得成功，与他们拥有非凡的才能不无关系。但更重要的是，他们能说会道的交谈能力以及优雅的谈吐，常常让他们在人际交往中左右逢源。

人缘好差，全在说话

我们常常看到这样的现象，在一个社交场合：总有那么一两个人在人群中谈笑风生，大家都会微笑着表示欣赏，或者很多人争相和某个人交流。这些人受欢迎的人，都是言谈灵活又有吸引力的人。如果你想扩展自己的人际关系网，拥有好人缘，就要把自己“嘴上的功夫”练好。

这是一个讲究人际沟通的时代，很多人都是通过能说会道给别人留下了好印象，为自己赢得人脉。

有一次沈玲和几个同事去参加省里的业务考试，走进考场时发现她的桌子有三个钉子分布成三角形在桌面上且冒出很高，如果不小心会刮到衣服不说，也会影响答题的速度。沈玲要求监考老师换桌子，监考老师不同意。沈玲很郁闷地说：“真倒霉，不考了。”

这时一位同事打圆场道：“几个钉子算什么？我还求之不得呢！”沈玲很纳闷：“什么意思？”同事说：“你太幸运了，这三个钉子暗示你板上钉钉，说明你的三科考试铁定了都能过关。”沈玲听了转怒为喜：“我要是通过了，一定请你的客。”一个月后，沈玲果然三科都顺利过关。

这位同事巧妙地把“板上钉钉”与三科考试联系起来，一来平息了沈玲的怒气，二来又起到给沈玲加油鼓气的作用。试想一下，你的身边若是有位这样的同事或者朋友，你会不喜欢他（她）吗？能说会道、善巧言辞，这样的人走到哪里不受到欢迎！

我们都知道，一个人的成功离不开别人的帮助。做人最宝贵的财富就是——好人缘。有道是：遇一知己，人生足矣。自古以来，得道多助，失道寡助。得人缘者定输赢，得人心者得天下。可见人缘与人生、人缘与事业都是不可短缺的。

好人缘是个人实力的证明。一个口才不好、谈吐无趣的人，不会招人们的喜爱。而一个谈吐幽默、言辞丰富的人，则一定是受人拥戴的。所以，如果一个人想为自己赢得好人缘，首先要成为会说话的人，将正确的说话技巧与圆通的处世方法有机地结合在一起。

口才是交往的工具，是才智的发挥。人缘若是花，口才便是叶，红花绿叶，相得益彰。语言木讷者不善于和他人沟通，要想赢得好人缘则自然十分困难。好口才不仅是伶牙俐齿，更是能打动人心；不仅是能言善辩，更是慧语良言；不仅是口若悬河，更是声情并茂；不仅是唇枪舌剑，更是风趣幽默。即使你才华横溢，也必须在交流中让人感知；即使你聪慧过人，也要在谈吐中让人了解。好口才是人生的必需，是事业的保证，也是广结好人缘的最有效的桥梁与纽带。

无论是什么样的场合，如果你能够表达清晰、用词简洁，再加上抑扬顿挫、娓娓道来的语调，就能够吸引听众、打动别人。这是你的秘密武器，可以在不经意中助你事业成功。假如你善于辞令，再加上周到的礼节、优雅的举止，在任何场合，你都会畅通无阻、受到欢迎。人们都喜欢和这样的人交往。

别尬聊，要快速搭上话

在人际交往中，我们都可能碰上尴尬的局面：聚会、商业谈判、新同事聚餐等，大家都不知道说些什么好，大眼瞪小眼，确实很尴尬。这个时候，怎么样才能快速和别人搭上话，打破这种尴尬呢？运用一些技巧，就能够轻松解决了：

1. 迈出第一步——伸出手去、微笑、准备好问候别人。当你迈出第一步的时候，你就创造了一些能量，并且让自己处于一个比较自信的位置。如果你对于这样做感到不自在的话，那么就需要一点练习，但是如果你能够掌握好这一点，那么就能够更好开始交谈，让谈话变得更轻松一些。

2. 迅速找到共同点，或者退出——共同点是我们和那些初次见面的人的生活交集。地理位置、教育背景、兴趣爱好、子女、体育运动队和其他的一些话题都是交谈中常见的开放式话题。这是我们和自己不认识的人接触的方式。建议在和别人的谈话中，最好通过不超过三次尝试就找到共同点。如果你们彼此没有交集，那么不要对此感到不安。他们也会知道。你可以礼貌地退出谈话，这是一种仁慈的行为。

3. 留下印象，但是不要过头——人们在紧张的时候，要么说得太多，要么太少。如果你希望给别人留下深刻印象，所以要在问题和意见的表达中注意保持适度。如果一半时间都是你在说，和你交谈的人就会认为你在独霸这场谈话。这只是在交谈中产生的一个不确切的印象。如果你给他们留下70%的时间，更多地参与谈话，他们就会认为你是一个有礼貌的人，而且擅长与人交谈。

4. 准备好三个好问题——你可能听说过，人们喜欢谈论自己。创造真正有趣的谈话，你需要准备有趣的问题。建议你准备这些类型的问题：观察变化：问问人们，过去一年里，他们在某个特定领域，例如商业、体育、电影或者其他主题上发现了哪些变化。这会引发一场谈话，而不是得到某个单一音节答案的审讯。最佳比较：在你的问题里使用“最佳”“最糟糕”“最”等词汇。通过这些问题，你会开始一场有比较的谈话，其中包含了一些紧张和激情。你可能不喜欢你得到的答案，但是你会提高对方的参与度，引发对方的兴趣。对未来的预测：问问他们认为针对某个特定主题在未来一年会发生什么情况。体育通常是个安全话题，而政治话题则充满风险。不过，这并不意味着你应该厚此薄彼。这里的关键在于创建对话，对未来的推测只是为了达到这个目标。

5. 让沉默为你做好铺垫——有人觉得必须填补任何长度超过2-3秒的沉默。这让他可能会陷入自己原本希望退出的谈话，但是却因为为了避免尴尬而重新加入。让沉默持续一小会，这样当你优雅地退出的时候，每个人都会理解你退出得正是时候。

6. 不着痕迹地退出——当谈话告一段落，正在进行的话题明显已经结束的时候，你可以伸出手，说，“很高兴和你共处的时间。我希望很快就能够再次见到你。”然后你就可以在房间里走动，去见别的人了。我们几乎所有的人都有一些社会责任，要参加一些我们并不热衷的活动。培养一些在这种情景下聊天的小技巧会给你更多的自信，并且能缓解你在这种场合下的不适。

气氛好坏，取决于第一句话

俗话说“万事开头难”，其实，与人交谈也是如此。开场第一句往往会让人为难，往往又是最重要的。有时候第一句话就能决定交谈的深度。一句悦人耳目的开场白，会让对方对你心生好感，很可能会使谈话双方成为无话不谈的知音；一句不中听的话，很可能会破坏交谈气氛，给对方留下一个不好的印象，从而打消了与你继续交谈的兴致，你就会失去一个结交朋友的机会。

与陌生人说话是交际中的一大难关。尤其是开场的第一句话，如果说得恰到好处，能够一见如故，相见恨晚；否则，就会冷场，不知该说些什么。在我们的日常生活中，最令人关心的，莫过于“如何与别人交往”这件事；而在人际交往的开始，最令人花费心思的，又莫过于“如何开始与人交谈”这件事。

社会交往是人生活动中的主要内容，与人初次见面的第一句话是留给对方的第一印象，这第一句话说好说坏，关系重大。其实，只要你注意一下，就可以有一个很棒的开端，以下几种开头方法可供你参考：

1. 打个好招呼。很多交谈都是由招呼开始的，没见哪个人不打招呼就说话的。人们对称呼的恰当与否，一般来说都很敏感。尤其是初交者，它在一定程度上影响着你这次交际的成败。

2. 说些幽默、有趣的事情。两个陌生人初次见面，难免会有些生疏，气氛也不会那么活跃，如果这个时候能够讲点幽默的话语，自然能够让气氛活跃起来，也能使对方心情放松。

3. 引起对方的好奇心。先把一些非凡事件的结果说出来，讲一些能引人注意的话题，挑起对方好奇心。

4. 提出一个问题，请对方帮助你共同思考，在取得共同认识的基础上，再进一步发挥你的话题。

5. 说一些与听者切肤相关的话。说好第一句话的关键是：亲热、贴心、消除陌生感。

说好第一句话，并不只限于与陌生人的交往中，还可以运用到朋友、同事、亲人的交往之中，这样便可增进大家的感情交流。

从“共同点”开始聊起

一般情况下，和别人初次见面，彼此都会感到紧张与尴尬。但只要双方能找到共同点，有共同的话题，就能很容易地拉近彼此的距离。比如说，双方都是背井离乡，外出求职的，但他们是同一所学校毕业，还认识共同的人等，在交谈过程中他们就会倍感亲切。再比如刚开始见面时，一方问对方：“请问你是哪里人？”或者是“你是哪所学校毕业的？”如果对方回答：“我是杭州人。”他就会接着说：“杭州啊！我去过。我记得当地最具特色的产品有……”这样用不了几分钟，两人便可以聊得非常热乎，仿佛是多年不见的朋友一样。

每个人在与别人的交往中都存在“物以类聚，人以群分”的心理。人人都希望得到一种认同，而不是走到哪儿都听到别人反驳他。所以你如果可以找到两个人的共同点——你和别人相似的地方，就可以继续下面的话题。不要怕和一个陌生人找不到相同的话题，只要你认真地去了解就可以找到。人与人之间的共同点是很多的，也许你们谈着谈着就发现你们是性格、生活态度相仿的人或者有着相似的经历。更广泛一些来说，你们也许对某种东西或者某种观点有着相同的看法，等等。当别人说的东西正符合你的意见，那么你来一句很简单的“对啊，我同意”或者说“太好了，你也喜欢啊”。只要这么简短的一句话就可以拉近你们的距离，找到你们的话题。

一个度假的大学生和一位在法院工作的同志，在一个共同的朋友家聚餐。经主人介绍认识后，两个陌生人谈了起来。慢慢地两人发现彼此对社会上不正之风的看法有共同点，不知不觉地展开了讨论。越谈越深入，越谈双方距离越短，越谈双方的共同点越多。事后双方都认为这次交谈对大学生认识社会，对法院同志了解外面的信息和群众要求、增强为纠正不正之风尽力的自觉性都是有益处的。

大学生表达了自己的观点，又得到了对方的认可，在法院工作的同志觉得这样一个初出茅庐的学生很有主见，是个值得一交的朋友。

其实两个人谈话最怕的就是找不到话题，当你谈起一个别人根本就不懂的东西时，对方想和你交流都没有办法。一个好的话题可以引出无数的话题。利用共同点开始就很容易找到别的共同点，尴尬的局面一下子就打破了。

因此，当你准备参加座谈会时，如果即将碰面的对象是陌生人，而你想和他初次见面就增加熟悉感，你就应该尽量找出彼此的共同点。先查阅一些有关对方的资料，或者向他人询问对方的相关背景，对他有个初步的了解。这样，当你向对方提问时，对方会因为你对他有所了解，进而对你产生好感，乐于与你谈话，你们的关系也就会水到渠成。寻找共同点的方法还很多，譬如面临的共同的生活环境、共同的工作任务、共同的行路方向、共同的生活习惯等。只要仔细发现，总会找到两人之间的共同点，这样，你们聊下去就是很容易的事了。

如何撩起对方的欲望

生活中的人人都渴望友谊，希望结交更多的朋友。但朋友都是由陌生人发展而来，有相当一部分朋友一开始是萍水相逢。在风光绮丽的景区、在行驶的汽车上或者在小型聚会上，凭一个会心的微笑、几句得体的幽默话、一个礼貌的动作等，都可以引起他人的注意，进而与他人相识。所以，与人交往关键是得找出交往的契机，主动伸出友谊之手，打开对陌生人关闭着的心灵之门。然而不是所有的人都是善谈的，有的人比较沉默寡言，虽然有交谈的欲望，却不知从何谈起。这就需要其中的一方改变态度，率先向对方发出友好信号，激起对方的谈话欲望，达到交流的目的。假若你的一个话题使对方产生了浓厚的兴趣，那么无论他是一个如何沉默的人，他都会发表一些言论的。因此你在谈话的停滞之中，一定要想办法寻找并且不断地激起对方的兴趣，使谈话能够一直持续下去。

当你对做父母的人称赞他们的孩子，甚至表示你对那孩子感兴趣时，那么孩子的父母很快便会成为你的朋友了。给他们一个谈论其孩子的机会，则他们就会很自然而又无所顾忌地滔滔不绝了。

对于那些腼腆的人，交谈者应主动寻找话题，消除对方的紧张感。朋友相交，重在交流。由陌生人到朋友，需要通过深入地交流才会相互了解。要达到深入交流的效果，就要在掌握交谈艺术的同时激发对方的谈话欲望，只有这样才能彼此加深了解，从陌生走向熟悉，进而成为朋友。

大家都知道，在我们第一次与别人交谈的时候，由于相互间不熟悉，往往会不知道从哪个话题谈论好。这个时候，就需要我们精心地去组织一些话题，丰富谈话内容。最开始可以从一些不会有什么意义但是可以让彼此之间产生交谈的话题开始。比如，最常见的就是谈论天气、周围的环境，简单地询问一下对方的情况等话题，让别人与自己联系起来，彼此间一旦找到共同的语言，以后的交流就变得轻松了。

在与别人交谈的过程中，千万要记住，不要总是把自己想说的话都说出来，就听见你一个人在那儿夸夸其谈，要说一些让对方感兴趣的话题，对方擅长的话题，让对方有话可说。众所周知，谁也不喜欢在交谈的时候插不上嘴，只是听着别人说话自己却只能当个收音机。恐怕这样的人遇上第一次就不想遇上第二次了。所以我们要善于激起别人说话的兴趣，让双方互动起来，这样的交流才有意思，才会让彼此都觉得愉快。

耶鲁大学教授威廉·菲尔普斯，八岁的他那时经常到姨妈家度周末。有一天晚上，有一位中年男子来拜访，跟姨妈寒暄完后，就和菲尔普斯聊了起来。那时菲尔普斯非常热衷帆船，对方似乎对帆船也很喜爱，一直以帆船为话题两人很快成了好朋友。客人走后，菲尔普斯对那位客人大加赞赏："多么棒的人！他对帆船也如此感兴趣!"姨妈却告诉他："他是纽约的律师，对帆船一点也不感兴趣。""那他为什么一直都在谈帆船呢?""因为他是一名君子，他觉得你对帆船感兴趣，就谈一些会使你高兴的事。"菲尔普斯这才恍然大悟。知道长大以后，他还时常想起那位律师。

可见，让对方能够侃侃而谈可以从对方感兴趣的话题开始，这样两人的交往就会非常顺利，并且大大增进个人的人际关系。

有时候，我们并不需要自己去寻找话题，当谈话的对方提出什么问题的时候，我们尽量回应他们，这样就会找到说话的话题了。即使你对别人说的东西不太懂，你可以让对方给你讲解，这样，你还可以学到东西，而且对方也愿意说自己的话题。等到说得差不多的时候，你也可以适时改变话题，去说一些更加广阔的东西。其实，很多人都是喜欢和别人交流的，但就是却不知从何开头。因此，我们要做一个主动者，积极去引起对方谈话的兴趣，引出两人能够愉快交谈的话题。

自嘲是化解尴尬的灵丹妙药

在人际交往中，我们常常免不了让自己陷入尴尬的场面。比如遇到处境窘困、不易处理的场面。在这种时候，人的感受恐怕比公开的批评还使人难受。

有时，对方也是有意制造尴尬的，依仗亲密的关系公开揭你的短，或讲述你过去的傻事。有时是无意的，不知不觉中说出了你的隐痛之处。如果真的动气，别人还会说你没有涵养。可见，尴尬是人在生活中不愿碰到还不能不碰到的，怎样应付尴尬才是最重要的。

自我解嘲是一种很奏效的方法，因为笑声总能够马上把人带入轻松的气氛。自我解嘲是人们心理防卫的一种方式，是生活的艺术，是一种自我安慰和自我帮助，也是对人生挫折和逆境的一种积极、乐观的态度。自我解嘲并非逆来顺受，不思进取，而是随遇而安，放弃可望而不可即的目标，重新设计自己，追求新的目标。

一个人要做到自我解嘲，重要的是要有一颗平常心，不为名利所累，不为世俗所扰，不以物喜，不以己悲。这不是很容易就能做到的。只有树立了正确的人生观、价值观，对名利地位、物质待遇等等采取超然物外的态度，才能心怀坦荡，乐观豁达，才谈得到自我解嘲，精神上才能轻松起来，才能活得潇洒自在、美好充实。

在陷入尴尬局面后，要学会自我解嘲，千万不要把时间花在思考对方抱有什么目的跟我过不去的上面，更不能假设有什么“深仇大恨”。让心情放松，把这种要笑自己转移给大家。

自嘲是避免人际冲突，缓解紧张的灵丹妙药，不会给人们造成任何损失，不会伤及任何人或者事。萧伯纳有一次遇到一位胖得像酒桶似的牧师，他挖苦萧伯纳：“外国人看你这样干瘦，一定认为英国人都在饿肚皮。”萧伯纳谦和地说：“外国人看到你这位英国人，一定可以找到饥饿的根源。”

面对他人的嘲笑、讽刺、看轻、取笑，都要勇于直面自身的缺点以及存在的问题，这样才不会去介意一切言语的打击，而且还能在应付的时候利用自身的缺陷通过某种言词的解嘲，风趣横生。

自嘲是保持心理平衡的良方。对付尴尬和难看局面，摆脱窘境，就要及时调整心态，提得起，放得下，想得开，自我解嘲，平慰心灵，使自己不满的情绪得到平衡和缓解，为心灵增加一层保护，还能使别人对你有个新的认识。

学会自嘲，要掌握并运用好它，就需一个平稳而健康的心理，训练和提高自身素质，不为名利所累，不为世俗所扰，不以物喜，不以己悲，胸怀坦荡，乐观豁达，获取一副健康的体魄。

人生在世，尴尬的事总免不了。平庸的人老为自己的尴尬后悔不已，总不断回忆起那些尴尬的画面，并不住地唠叨：“怎么搞的，丢死人了。”而实际上，其他人往往并不会怎么在意这件事。聪明的人往往幽默地自我解嘲一番，并思考下次怎么能更好地避免这类事情的发生。

巧打圆场，营造和谐氛围

在人际交往中，失言是不可避免的事。关键是懂得随机应变、设法缓和或化解因失言造成的尴尬与僵局。这就要求说话者必须调整思维，巧妙应答，用别出心裁的话语来为自己打圆场。这时，不要就事论事，而应换一个角度，尽力以新的话题和新的内容把原来的问题引开或转移，分散大家的注意力，但又不完全偏离原来的表达。

学会打圆场，可以淡化或消解矛盾，使气氛由紧张变为轻松、由尴尬变为自然。在生活中，我们更要学会帮别人打圆场。用巧妙的话语替别人解围、让别人下台阶，不但能缓和尴尬的气氛，还能顺便卖别人一个人情。

打圆场要讲究技巧，才能收到最佳的效果。用巧妙的言语去缓和气氛、调解人际关系。在此，不妨再看一则小故事：

从前，有个理发师傅，带了个徒弟。徒弟学艺三个月后，这天正式上岗。他给第一位顾客理完发之后，顾客照照镜子说："头发留得太长。"徒弟站在一边不言语。师傅在一旁笑着解释道："头发长使您显得含蓄，这叫藏而不露，很符合您的身份。"第一位顾客听罢，高兴地离去。

徒弟给第二位顾客理完发之后，顾客照照镜子说："头发留得太短。"徒弟还是不言语。师傅笑着解释道："头发短使您显得精神、朴实、厚道，让人感到亲切。"第二位顾客听了，欣喜地出门。

徒弟给第三位顾客理完发之后，顾客边交钱边嘟囔："剪个头花这么长的时间。"徒弟无语。师傅马上笑着解释道："为'首脑'多花点时间很有必要。您没听说过：进门苍头秀士，出门白面书生!”第三位顾客听罢，大笑而去。

徒弟给第四位顾客理完发之后，顾客边付款边埋怨：“用的时间太短了，二十分钟就完事了。”徒弟心中慌张，不知所措。师傅马上笑着抢答：“如今，时间就是金钱，‘顶上功夫’速战速决，为您赢得了时间，您何乐而不为呢?”第四位顾客听了，欢笑着告辞。

故事中的这位师傅，真可算得上是能说会道。他机智灵活，巧妙地“打圆场”，每次得体的解说，都帮徒弟摆脱了尴尬，让对方转怨为喜，高兴而去。他成功地“打圆场”的经验，给了我们诸多启示。

那么，如何来打圆场呢?

1. 用动听的话去打圆场

用动听的话获得顾客的欢心，是师傅成功给徒弟解围的第一要诀。每个人都爱听好听的话。师傅正是利用了人们这一心理，在顾客抱怨时，有针对性地选择动听的话来讨人欢心，这样一来，就消除了顾客的不满和抱怨，让顾客满意地笑着离开了理发馆。

2. 用辩证的眼光去打圆场

任何事物都有它的两面性，其中的对与错、利与弊都是相对的。辩证地看问题，引导别人换个角度看问题，是打圆场的另一个技巧。师傅针对不同的情况，用巧妙的语言去解释，让顾客从一个新的角度去看原来的不满之处并体会到其中的妙处，从而高兴地接受师傅的观点。

3. 用幽默的语言去打圆场

幽默是化解尴尬最好的一剂良方。幽默的话语能够使人转怒为喜，开怀一笑。比如说，师傅使用的“首脑”一词就很幽默，将

“头”说成是“首脑”，调侃又不失文雅，庄重又不失风趣，还顺便“提升”了顾客的身份。顾客能不因此开心大笑吗？那一句“进门苍头秀士，出门白面书生”，也很诙谐幽默。那句“如今，时间就是金钱，‘顶上功夫’速战速决，为您赢得了时间，您何乐而不为”的解释，在幽默中又蕴含了“与时俱进”的含义，很有时代气息，这就大大增加了感染力和说服力。

打圆场也是一种说话的艺术。只有我们认真学习并掌握这种艺术，才能在特定的场合为自己或他人有效地摆脱尴尬和困境，同时展示出自己动人的谈吐。

第七章
这样说，会为你的求职加分

如果说，日常生活中的说话技巧不过是为生活增加一抹亮色，那么，在求职面试中的语言技巧则是一种竞争力了，这决定着你的前途命运。在面试时，你说出来的话，会直接决定着你能否叩开这家公司的大门，甚至影响你今后在这家公司里的前途。

自我介绍要有亮点

我们都知道，求职面试时，很多面试官首先会让求职者做一个简单的自我介绍。虽然，一个自我介绍可能只有短短几分钟，但是这几分钟却是非常关键的。根据很多人力资源经理的总结，一次面试的结果，往往在开始的两分钟之内就已经确定了。一段好的自我介绍，让面试有了好的开场白，自然会加分不少。成功的自我介绍往往能够打动面试官，给对方留下深刻印象，这样对你的求职来说也就成功了一半。

求职者自我介绍的根本目的，是让面试官对自己有个初步的、大概的了解。但是说起来容易，做起来就难了。在这短短一两分钟的自我介绍中，又要语言简练得体，又要内容丰富，还要有亮点。所以，我们一定要在面试时的自我介绍部分下功夫。如果你能利用好自我介绍，它就是你突出自己优势和特长、展现综合素质的好机会，给面试官留下一个很好的印象，迈出你获得这个工作机会的第一步。那么，什么样的自我介绍才能算是好的开场白呢？

首先要有礼貌。在做介绍前，要先对面试官打个招呼，道声谢。如："经理，您好，谢谢您给我这么好的机会，现在我向您做个简单的自我介绍。"介绍完毕后，要注意向面试官道谢，并向在场面试人员表示谢意。

其次要明确，自我介绍不是真的要做个自我介绍，让对方了解你。事实上，面试官并不想完全了解你，他也没有时间，并且在听你介绍前早已经看过了你的简历。就是说自我介绍只是个让面试官了解你表达能力以及临场应变能力的手段而已，所以你可以强调一下自己最突出的优势。明白了这一点，我们就能够有的放矢做好自我介绍。

然后主题一定要明确。有的人自我介绍头头是道，但是基本集中在学校活动并且讲了很多无关痛痒的话，这就变得非常的散，没有重点。自我介绍也跟文章一样，要有主心骨，要有层次和逻辑，才能让听的人有欲望。求职面试中的自我介绍宜简不宜繁，一般包括这些基本要素：姓名、年龄、籍贯、学历、学业情况、性格、特长、爱好、工作能力和工作经验等等。对于这些不同的要素该详述还是略说，应按招聘方的要求来组织介绍材料，围绕中心说话。假如招聘单位对应聘人的工作能力和工作经验很重视，那么，求职者就得从自己的工作能力及经验出发进行详细的叙述，而且整个介绍都是以这个重点为中心；假如你应聘的单位对应聘人的学历以及特长很重视，那么作为求职者就得从自己的学习情况以及你在所学专业里具备的特长做详尽的叙述。

最后，一定事实讲述。在自我介绍中，要尽量避免夸大其辞，一般不宜用“很”“第一”“最”等表示极端的词来赞美自己。事实胜于雄辩，在面试的时候，我们不能为了追求给面试官留下深刻印象，而去对自己的过往工作经验进行夸张的叙述，如“这方面的工作经验我已经很丰富了”“我的专业成绩一直都是最好的”等，其实这样一说，反而给面试官留下不好的印象，取得的效果也适得其反。

在自我介绍的过程中，不管你措辞多么恰当，内容多么丰富，语气一定要自信，说话的速度不要太快，口齿一定要清晰。别使面试官感到你的声音疲乏、胆怯。一旦你的声音中注入了活力和自信，对面试官的感染将是非常强烈的。如果你有优美的嗓音，一定要好好利用，那将是你最有利的武器。

一场面试就像一场谈话，如果开场白做得好，自然能够获得对方的好感，让这场“谈话”能够持久而愉快地进行下去。

别被面试官“牵着鼻子走”

当听到这次面试的面试官对他说了一句“你回去等消息吧，有消息我们会通知你。”杨鹏知道自己这次面试又“黄”了。

其实杨鹏是一个很有才华的人，但是就是每次面试都表现得非常糟糕，每次不是被面试官问得团团转，就是与面试官很快“相对无言”，最后沉默冷场，这样的面试结果就可想而知了。杨鹏知道是自己性格内向，所以更愿意接受面试官一问自己一答的面试方式。发现这种方式效果欠佳后，他就打算改用自己主动出击。积极与面试沟通，但又往往被面试官打破砂锅问到底，很多不想说的东西都问得像倒豆子一样，全盘托出，效果更糟糕。杨鹏真的很头疼，为什么不管提问还是被问，自己都这么被动，到底应该如何和面试官交谈呢？

其实像杨鹏这样有能力、做事踏实，却不善于表达自己的想法的年轻人大有人在。明明自身很优秀，却总是难以博得面试官的青睐。每次在面试的时候，如果面试官不提问，就不知道怎么交流，对方不说话，他也不说话。

虽然，面试看起来是面试官在考求职者，表面看起来求职者是处于被动的地位，但事实上，面试的结果却是取决于谁处于主动的地位。如果求职者被面试官“牵着鼻子走”，面试官问什么答什么，那么这次面试中的求职者自然是不能打动面试官的。

有这样一种情况，面试开始时，有的面试官并不说话，只拿眼睛注视着对方，这其实是一种无声的提问，他在等着应试者主动打破沉默。可是有些应试者却以沉默对沉默，你不开口，我也不开口，结果面试出现冷场。有的应试者虽然勉强打破沉默，可是词不达意、语调生硬，反使场面更显尴尬；或者面试官实在按捺不住，说道："你就没什么要说或者要问的吗？"这样的面试不论进行多久都是失败的，一个不善于主动表达自己的人，会被认为是缺少交际能力、缺少自信的人，自然也是无法在面试中获得成功的人。

一般的面试时间都是有限的，那么在这么有限的时间里，如何把你的专业才能、特长优势展现给面试官，如何在面试中为自己争取到主动的地位？有以下几种方式：

1. 主动提问

对于求职者来说，向面试官提问本就是一种表现自己的方式，一个好的提问，会让面试官刮目相看。适时的提出问题，这不但有助于主考官对你的印象能够加深，而且你也能趁此机会进一步了解这家公司的背景、企业文化是否适合你。可是有些应试者缺少发问的技巧，要么问一些与工作无关的愚蠢问题，要么在不该提问时突然打断面试官的话发问，要么面试前没有足够的准备，轮到有提问机会时，张口结舌提不出问题。这样就显得你很被动。

当然还要注意，不要提一些千篇一律的问题。比如某家公司以多而密的培训出名，问考官你这个职位能得到什么样的培训，保证对他的胃口。不过，也有这样一个笑话故事：不少应聘者揣着一本"面试指导"式的畅销新书去面试，开口就问人家："贵公司每年有6%的预算用于培训，如果我被招进来了，能获得怎样的培训呢？"结果考官一脸不耐烦："怎么又问这个？今天你是第6个了！"这就是弄巧成拙了。

2. 回答问题要慎重

有些人在面试的时候容易紧张，说话答话就不经大脑思考，面试官问什么就老老实实地答什么。比如，有一个人去面试，面试官问他：“你为什么想来我们公司?”这人不加思考地说：“你们公司福利好呗。”虽然事实确实也是如此，但是这样的回答恐怕没有那个面试官会喜欢。

3. 主动讨论一些专业问题

因为有些工作对专业性要求比较强，如果你个人本身专业就不错，而且又是自己擅长的，表达起来你也可以不那么紧张，更重要的是，也向面试官展现出了你的专业才能。

你靠什么打动面试官

应聘成功是每一位求职者的心愿。但一般来说，竞争同一职位的人肯定不止一人，经过审阅简历然后被通知面试的人也不止一个。而要想通过面试一关，口才无疑起着决定性的作用。有时候不光是你怎么说，更关键的是，你说了什么。

张浩大学毕业后决心自谋职业。一次，他在一家报纸的广告里看到某公司征聘一位具有特殊才能和经验的专业人员。张浩并没有盲目地去应聘，而是花费很多精力，广泛收集该公司经理的有关信息，详细了解这位经理的奋斗史。那天见面之后，张浩这样开口："我很愿意到贵公司工作，如果能在您手下做事，我会感到非常荣幸。因为您是一位依靠奋斗取得事业成功的人物。我知道您 28 年前创办公司时，只有一张桌子，一位职员和一部话机，经过您的艰苦奋斗，才有了今天的大业。您这种精神令我钦佩，我正是奔着这种精神才前来接受您的挑选的。"所有事业有成的人，差不多都乐于回忆当年奋斗的经历，这位经理也不例外。张浩一下子就抓住了经理的心理，这番话引起了经理的共鸣。因此，经理先生乘兴谈论起他的成功经历。张浩始终在一旁洗耳恭听，以点头来表示钦佩。最后，经理对张浩很简单地问了一些情况，终于拍板说："你就是我们所需要的人。"

张浩没有像一般的应聘人员那样把自己介绍得完美无缺，没有滔滔不绝大谈过去的辉煌历史，而是谈面试官的成就，谈自己对将来工作的想法。正是他这种口才的灵活运用，使得他能够脱颖而出，给对方留下深刻的印象。

很多人会对面试官说“我多么多么想进入贵公司发展，你就给我这个机会吧”，无论说得多么诚恳，却常常无法打动面试官。究其原因，这句话完全没有任何亮点，面试官也无法通过你这句话中看到你的诚意和实力。

面试官挑选人才，主要是从公司的角度出发，要么是一个各方面都很优秀的人，要么是专业能力很强的人，要么是很有潜力的人。第一种不用说，自然是能从众多求职者中脱颖而出，第二种和第三种人就只能通过自己的语言表达，让面试官觉得自己是一个可造之才。所以，面试的重点，就是在于说些什么才能打动面试官。

梁睿去应征一家橡胶厂的工作，他对该行业原是外行，但为了谋职，他预先调查好了国内橡胶产品的销售市场以及国外橡胶产品在国内市场上的比重，并对各家产品进行了比较分析。当他应征时，他对该行业的研究使面试官大感兴趣，在几十位应征者中独占鳌头，结果不用说，他如愿获得了这份工作。

所以，有时候打动面试官，可以准备一些使对方产生兴趣，同时又能表现你的才干的谈话资料，往往能帮助你获得成功。

一问一答，有技巧

尽管每个公司面试的程序和模式不尽相同，面试官的风格各异，但是提问却是所有面试必不可少的步骤。甚至有些问题，几乎所有的公司面试时都会问道，不管面试官出于什么目的问你，你能回答得巧妙，自然也能为自己加分。

1. 你为什么会离职

每个跳槽的应聘者，在面对面试官时，都会被问到离开原来单位的原因。当你遇到类似问题时，切不可漫不经心地回答。对于一些普遍性的原因，如“大锅饭”阻碍了自身的发展，上班路途太远，专业不对口，结婚、生病等都是人们可以理解的原因，可以如实道来。但是，有些原因在回答时一定要谨慎，千万不要随意地说出，这会给你的求职带来阻碍。

2. 为什么想进我们公司

“我来应聘这份工作，因为我相信我能为贵公司的发展做出贡献，同时，我也相信贵公司会为我提供实现个人价值的舞台。我在这个领域具有一些经验，而且我的适应能力使我确信，我能把这份工作做好。”当然，每个公司有不同的情况，在遇到类似问题时，要根据现场情况灵活变通，巧妙说话，这样会给面试官留下好的印象。

3. 你在这类工作方面的经验如何

这是展示你才能的最佳时机。但在你回答前，必须绝对清楚对于应试者来说什么是最重要的。如果你不知道你在该工作岗位最初的阶段将面对什么项目，你必须询问。你的认真思考和分析能力将得到尊重，你得到的信息将自然使你更加贴切地回答问题。但在描述你所取得的成绩时，要谦虚，切不可夸夸其谈。

4. 你认为自己最大的缺点是什么

回答这个问题时，绝对不要自作聪明地回答：“我最大的缺点是过于追求完美。”有人认为这样的回答会显得自己比较出色，但事实上，这样的回答会把你推向一个危险的境地。每个人都有缺点，这一点我们很清楚。

小徐到一家公司去面试。“请问，你认为自己最大的弱点是什么?”面试进行到一半的时候，对面的面试人员突然掷出这最具杀伤力的一招。到这儿之前，小徐曾经拜读过许多“面经”，经典的回答莫过于“我最大弱点是太勤奋太拼命了，以至于常常忘掉了休息……”，听他说完，面试官笑了笑，表示赞赏。

面试时，各种精心设置的“陷阱”往往不期而至，如果老老实实一五一十地回答——“我的英语没过六级”，“我性格内向不善与人交往”，“我学技术学得比较慢”，结局自然也就可想而知了。因此，当被问及这个问题时，你不妨说出几个你的缺点来，但是注意不要选择对你将来的工作有影响的缺点。

5. 你会如何与上司相处

“我重视的是工作和成果。我交际能力强，可以和任何人打交道。”你回答的主旨在于表现你交际能力强、心胸开阔，在处理与上司关系时，以服从公司利益需要为原则，绝不会因个人问题而斤斤计较。

6. 如果公司在职位方面有变动，安排一个与你应聘职位不同的工作，你能接受吗

“我会感到遗憾，不过我还是乐意服从分配。我是基于对贵公司

业务开展与工作作风的充分了解，才欣然前来应聘的，所以无论在哪个部门工作，我都会努力，况且我可以学到更多新东西。当然，如果今后有合适机会仍可以从事我所期望的工作时，我将很高兴。”当然，话不是绝对的，如果你觉得这样安排对你不适合，你可以委婉地说出自己的意图，让对方了解你对这个职位的向往，并且是最佳人选。

除了这些问题，有时候还会遇到一些比较刁钻的面试官，会故意问些其他方面的问题来考验你。如果你在面试过程中碰到不懂的问题，硬着头皮胡乱说一通，掩饰自己的无知，这是下策。因为资深的面试官很可能继续追问下去，应试者乱说只会出洋相，面试官即使不追问，也可能心中有数。还有些应试者企图回避问题，东拉西扯讲别的事情企图混过去，这也是非常不明智的。

最明智的应对措施是坦白承认：“我不懂，对于这个问题，我还认识不够，看来今后得加强这方面知识的学习。”没有人全知全能，什么都精通，你态度诚恳，反而会博得面试官的好感。有时候在面试过程中，面试官提出的问题，应试者不明白他想问什么。如果是没有听清楚，可以请求对方重复一次。

有时，明知主考官问得不妥当，也不应该当面指出“您的问题很模糊，我不知道您想问什么”，最好是婉转一点表示自己不大明白问题要求哪一方面的答案，可以尝试给出最可能接近的答案，说“不知道您想知道的是不是这个”之类。最重要的是态度诚恳，不可胡乱猜测、信口开河。

注意措辞，别把话说“大”了

有很多求职者，为了在面试时突出自己的优势，打动面试官，常常喜欢说一些表决心的豪言壮语。比如，在介绍自己的能力，或介绍自己的工作经验以及对工作的想法时，总是喜欢用非常肯定的口气：“我非常熟悉这项业务!”“我保证能让部门改变面貌!”这些话常常不经思考因为情绪冲动而说出来的，往往没有具体的事实证明，这样的话非但没能打动面试官，反而会引起面试官的反感。

如果遇到较为平和、内敛的面试官，也许他不会为难你，最多会在心里嘲笑你：“现在的年轻人都这么不知道天高地厚的吗?”但是如果遇到个性较强的面试官，他往往会这样问你：“那么你谈谈有些什么措施?”或者“这项业务最新发展动向是什么?”你必定会张口结舌，尴尬万分。因为情况是非常具体和复杂的，如果你硬着头皮去回答，那只能使场面更加尴尬，让自己很难下台。

有一位刚刚大学毕业的小伙子，为了进入某公司成为一名销售员，在通过了第一轮的面试和笔试后，他成功地进入了最后一轮的复试。小伙子胸有成竹地来到考场，在众多考官提问之后，他满以为自己能顺利进入公司，没想到在最后的阶段事情出现了逆转。一位一直沉默的面试官问道：“如果你成为公司的一员，你认为自己该如何发挥自己的特长?”

小伙子立即答道：“我一定会让自己的能力得到充分的发挥，让销售业绩在短期之内发生质的飞跃。”面试官听完他的一番慷慨陈词之后续问道：“那你自己准备如何做呢？说来听听。”小伙子一下子吞吞吐吐说不出来。因为他根本没有想到如何才能提高部门的业绩，只是心急想得到工作。结果可想而知，他失败了。

在这次应聘中，因为在最后一轮面试感的问话中，他没有具体地想过自己说出的话，只是为了表现自己的壮志决心而说“大话”，使自己陷入自相矛盾的尴尬境地。

豪言壮语谁都会说，但是做得到的人的确很少。特别是在面试的时候，你说这样的话，并不能显示出你有多大的本事，反倒给人一种不靠谱的印象。就算你真的有这么大的本事，你这样毫不掩饰地表示出来，也会让人觉得你这个人有些年少轻狂。所以，面试的时候，一方面要充分地展示自己，一方面又要注意自己的措辞。

谈薪水，要悠着点

薪水报酬问题是求职中很重要的一个问题，在面试的时候，除非该公司已经明确说明薪水报酬，否则不可避免地都会谈到薪水报酬问题。随着人们经济观念的不断增强，现在人们求职已经不像从前那样对于薪酬难以启齿了。甚至有的应聘者还没跟面试官聊几句，就马上很急切地谈论薪水报酬，好像他来面试一心就是为了薪水而来的。虽然很多人已经将薪酬作为求职的重要标准，甚至是第一标准，这本无可厚非。但是那种一开口就问“工资报酬多少，福利待遇如何”的求职者最令面试官反感。

求职者关心收入和待遇的心情是可以理解的，但八字未见一撇，一开口就讨价还价，是不成熟的表现，求职毕竟不是谈生意做买卖，“金钱第一”怎么说也容易让人产生反感。工作还没干就先提条件，是非常浮躁的表现。谈论报酬待遇，无可厚非，只是要看时机，一般在双方已有初步意向时再委婉地提出较好。

在面试谈论薪水的时候，个人的薪酬是与其能力、作用、表现和贡献等息息相关的。所以在回答薪资问题时，不能逞匹夫之勇乱答一气，要事前做好准备，要有策略。在用人单位尚未了解你的情况时，开价过高，难以被用人单位接受；开价过低，吃亏的是自己。所以在讲薪酬之前你必须做到以下几点：

1. 在面试前一定要了解该职位薪酬的普遍情况，了解该公司的政策。

2. 切勿盲目主动提出希望得到的薪酬数目。

3. 尽可能从言谈中了解，用人单位给你的薪酬是固定的还是有协商余地的。

4. 面试前设法了解该行业薪酬福利和职位空缺情况。

在明确了以上几点之后，你就要开始同用人单位讲薪酬了。那么，该如何同用人单位讲薪酬呢?

在与用人单位协商薪酬的过程中，如果用人单位要你开价，那么你可以告诉其大概的薪酬幅度。这就要求你对自己的薪酬要有个正确的估计，了解该职位大概薪酬标准，以便自己心中有数。同时别忘了，福利也是你应得的报酬，如医疗保险、养老保险、公积金、带薪休假等。

假如面试的时候，面试官问你原来的薪资是多少，这个问题你一定要谨慎回答。你最好告诉对方:“过去的工资不重要，关键是我的工作能力。”如果你目前薪资太少的话，直接回答不会给你带来好处的。

薪资谈判不能像其他谈判那样，一味设法提高你的条件，而对方就只顾压低你的价钱。把原来和谐的气氛弄成敌对的局面，这对你实在没有好处。如果对方有心压低你的薪酬，就会将话题转移到你上任后有何计划、如何扩大市场占有率或如何降低产品成本等，这样原来那种紧张敌对的状态，很快便形成同心协力的局面。这时，你应该充分展示你的能力和对未来工作的设想，这样一方面可以给对方留下好印象，另一方面你也以据此提高你的薪酬要求。

在面试时候提到的薪水的数目往往并不是你在以后工作中的实际薪水数目，这不过是面试考题之一，需要你细心去体味，认真去回答，只有说法有理有据的人才会取得成功。

这些话，无论如何不能说

许多年轻人在面试的时候，总觉得面试官和你交谈甚欢是对你有好感，便自以为很平常地和对方说出很多话。你也许觉得这是真诚的表现，但是对方也会从这些话里捕捉到很多信息。这些信息也许会给你带来帮助，但也会给你带来阻碍。所以在和面试官交谈的时候，绝不能乱说话。下面给大家列举一些不能说的话题。

1. 关于前任公司的各种信息。前任公司的机密资料你不应该泄露，否则会让面试官认为你这个人不值得信任。他还会想："你可以泄露前任公司的机密资料，那以后也可以泄露我公司的资料，我可不敢用你，否则，不是自己花钱雇一个特务吗？"

2. 关于性别或种族的偏见。你或许以为面试官与你志同道合，因而大谈特谈。其实这样做如同自掘坟墓，很多公司尤其是外企都不容许性别和种族歧视存在。

3. 不要大肆夸奖自己的孩子。即使面试官桌上摆着自己的家庭照，你的口袋里塞满成叠小孩照片，但谈论关于孩子的话题，也颇不符合面试的场合。

4. 不要说为面试官取得某物或某种特殊商品的提议。比如说，"我能帮你买到批发价的智能手机"。或许这是事实，或换个场景会表现出你待人的热忱。可是在面试场合，这样则显得格格不入，而且会有你在贿赂他之嫌。

5. 不要说你如何的厌恶数学、物理等学科。虽然表面上看来似乎与此职位无关，但是擅长数理化等科目是能够表现一个人的逻辑能力的。

6. 不要总是提大人物名号以自抬身价。比如说，总是炫耀你前任老板是著名的经济学家，你曾协助他做过什么经济方面的规划。假使你真的与某些社交名流为友，留心别造成你在吹嘘自己的印象。因为你不知道面试官对于此事的态度到底如何。

7. 将面试官赞美得天花乱坠。即使你诚心佩服其人，在这种情况下，你的赞美可能遭到误解。当然，你可以这么说："与您面晤很愉悦，谢谢您。"

8. 不要说与面试单位的某人是熟人。例如，"我认识你们单位的某某"，"我和某某是同学，关系很不错"，等等。这种话面试官听了会产生反感。如果那人是面试官的上司或比面试官的职位高，他就会觉得你是在用上级来压他，这样，即使你被录用了，以后的日子也不会好过。如果面试官与你所说的那个人的关系不怎么好，甚至有矛盾，那么你这话引起的结果就会更糟。即使面试官与你所说的那个人毫无关系，他也会觉得你是想通过拉关系为自己赢得胜算，从而对你的信心和能力表示怀疑。

9. 不说不合逻辑的话。当面试官问："请告诉我，你的一次失败经历。""我想不起我曾经失败过。"如果你这样说在逻辑上是讲不通的。又如："你能干些什么工作呢？""我可以胜任一切工作。"这样的回答也不符合实际情况。

10. 不要说抱怨的话。千万不要在面试官面前抱怨。要知道，无论什么样的面试官，都不会喜欢一个满腹牢骚的人。

不管怎么说，面试也是件严肃的事，特别是在说话方面，哪些话可以说，哪些不可以说，应该仔细掂量一番。

第八章
优秀的业绩是“说”出来的

销售这项工作，充满了竞争和挑战。很多人投身其中，有的成功，有的失败。为何同样忙碌，结果却不一样呢？这跟销售员的会不会推销有关。

在推销的过程中，会说话的人懂得如何通过短暂的接触和谈话来博取对方的好感，也就是要充分展示自己的口才魅力，这是进行成功销售的一个必要前提。所以，语言交流是营销活动的开端，说话的好坏直接关系到营销的成败。

业绩好不好，全凭一张嘴

在当今充满竞争的社会，很多工作对个人的语言能力要求越来越高，尤其是销售工作。作为销售人员，最基本的日常工作就是要经常面对着形形色色的顾客，并时刻准备去应对各种各样的突发事件。不论是与顾客的接触，还是对突发事件的处理，都离不开双方的有效沟通，而这种有效沟通恰恰正是建立在销售人员出色的口才基础之上。

在销售过程中，除了用产品的特色吸引顾客外，最重要的还是用语言来打动顾客。如果我们连话都说不清楚，词不达意，与客户沟通起来总是说不到客户心坎，难以打动对方，甚至让客户感觉别扭，那么根本谈不上销售的成功。可以说，作为销售人员，口才的好坏直接关系到能否顺利将商品推销出去。

销售这项工作充满了竞争和挑战，很多人投身其中，有人成功，有人失败。为何同样忙碌，结果却不一样呢？

在生活中，话太多未必就是优点。但在推销商品时，能说会道却是真正的能耐。对于销售人员来说，语言是与顾客沟通的媒介，一切营销活动首先是通过语言建立起最初的关系，从而使营销活动不断进展，最终达到营销目的。

在某公司举办的化妆品展销会上，几位年轻的工作人员用十分专业的术语详细地向消费者介绍了公司产品的原料、配方、性能及使用方法，给人以业务精通的印象。他们在回答消费者提出的各种问题时表现出反应快，对答如流，既彬彬有礼又幽默风趣的谈吐，更给人留下难忘的印象。

消费者问：“你们的产品真的像广告上说的那样好吗？”一位工作人员立即答道：“您试过之后的感觉会比广告上说得好。”

消费者又问：“如果买回去，用过以后感觉不那么好怎么办？”另一位工作人员笑着说：“不，我们相信您会喜欢这种感觉。”

这次展销会获得了很大成功，不仅产品销量超过往常，更重要的是产品的品牌知名度也大大提高了。在公司召开的总结会上，公司经理特别强调，是销售人员语言训练有素促成了这次展销活动。他要求公司全体人员应该像销售人员那样，在“说话”上下一番工夫。

销售员要想成功地实现销售，一个至关重要的环节就是首先用自己的言谈来吸引客户的注意力，使客户对推销的产品产生兴趣，进而才有可能说服客户，并促使其最终做出购买的决定。在推销的过程中，应该想方设法通过短暂的接触和谈话来博取对方的好感，也就是要充分展示自己的口才魅力，这是进行成功销售的一个必要前提。所以，语言交流是营销活动的开端，直接关系到营销的成败。

语言的巧妙运用，是销售成功的法宝。只有掌握顾客的心理，运用亲和的语言，使顾客感觉你在为他着想，才会使得顾客愿意和你交流。所以，让你说出的每句话都带有亲和力，是销售人员必须掌握的技巧。当你所面对的准顾客在是否购买你的产品显示出犹豫的时候，你就要使用一些语言技巧，让顾客明白购买你的产品的必要性。所以说，好的语言是销售成功的必要条件。

成交从打招呼开始

都说“万事开头难”，事实上，确实如此。销售人员在推销自己的产品时，首先必须在几秒钟或几十秒钟之内将对方的注意力吸引到自己身上，使对方对自己、对商品感兴趣。可以引用一些普通的、对方听后感到愉快的话题，使对方对自己产生好感。使对方高兴、产生兴趣，放下他手中的事与你谈话或进一步与你预约时间来接待你。

与顾客第一次交谈，要注意打好招呼。有人说过：“有礼貌地打招呼是商谈成功的第一步”。这一点要做好看起来容易，实际上不容易。当然人人都会打招呼，但要做到完善、得体，还要做个有心人。有礼貌地打招呼，是与人交往、建立良好人际关系的一个不可缺少的因素。在西方国家，一般说来，即使是在非常亲密的朋友之间，打招呼也很讲究礼貌，父子之间、夫妻之间都是如此。对于推销员来说，所面对的顾客大多是第一次见面的陌生人，第一次打招呼给人的印象较为重要。因而特别需要注重礼节，要考虑周全。

在一般情况下，打招呼、点个头或者微微欠个身，就说得过去。但作为推销员来说就不够了。对方也许比较讲究礼节，他会想：“我可是某某大公司的总经理啊！”“这家伙毛毛草草，不懂礼貌，可能靠不住！”于是可能会改变原来本有的购买想法。对于这位推销员来说，可能就失去了这一重要机会。

每个人都希望得到对方的尊重，受到别人的礼貌接待。作为推销人员，应该理解人们的这种需要，并能主动地给予满足。打招呼是走向顾客的第一步，礼貌也应该从这里开始。一般来说，礼貌性地打招呼应注意以下几点：

1. 举止有礼，并且要适合场合情景。有时候推销是去顾客家里拜访，这时就应该是亲切有礼貌；有时候如果是商业活动上拜访，就应该表现出职业精神。

2. 精力集中地注视对方，握手，让对方感觉到你对他的尊重。有些销售人由于紧张，总是不敢注视对方，这样会给人不自信的感觉，别人又怎么相信你的产品呢？

3. 先主动向对方问候、问话。因为提问，可以对对方多一些了解，这样在做产品介绍时，也可以有的放矢。

4. 声音要带感情、有精神，要给人以精力充沛的印象。不管你已经多么疲惫或者烦躁，你也要有良好的精神面貌，因为这样的印象才能让别人对你产生好的印象，进而对你的产品有兴趣。

5. 称呼对方姓名，让对方感到亲切。事先可以对要拜访的人，进行一定的了解，这样在交谈的时候，别人可以感受到你的重视。

6. 面带笑容，消除对方的紧张情绪。都说“伸手不打笑脸人”，微笑是打动别人最简单的方式。

最后，要注意的一点是，眼睛是人的心灵窗户，是人们传达心意的渠道。注视对方的眼睛不仅是一种礼貌表示，也是一种尽快缩短彼此距离的沟通方式。作为推销员，打招呼应该以充满真诚且明亮有神的眼睛注视对方。通过这种交流，使对方在不知不觉之中打开心扉并对你产生信赖，从而容易接受你。如果做好了这一点，等于为推销成功地迈出了关键的第一步。

说得好听，顾客才愿意听

现实生活中有很多人不会说话，说出的话不中听，是因为他们不曾把说话当作一门艺术，不曾在这门艺术上下过功夫。他们不肯多读书，不肯多思考。他们言语粗俗，表达意思含混不清，不能将自己的意思用文雅、优美的语言表达出来。

相传，有一对父子冬天在镇上卖便壶（俗称“夜壶”）。父亲在南街卖，儿子在北街卖。不多久，儿子的地摊前就有了看货的人，其中一个人看了一会儿，说道：“这便壶大了些。”那儿子马上接过话茬：“大了好啊！装的尿多。”人们听了，觉得很不顺耳，便扭头离去。

在南街的父亲也遇到了顾客说便壶大的情况。当听到一个老人自言自语说“这便壶大了些”后，父亲马上笑着轻声地接了一句：“大是大了些，可您想想，冬天夜长啊!”好几个顾客听罢，都会意地点了点头，继而掏钱买走了便壶。

父子两人在一个镇上做同一种生意，结果却大不相同，原因就在于他们一个会说话，一个不会说话。其实，儿子说的话也不是不对，确实，便壶大装的尿多，他也是实话实说。但不可否认的是，儿子说的话没有水平，语言粗俗难以入耳，让听的人心里很不舒服。

本来，买便壶是很正常的事情，不俗不丑，但毕竟还有些私密的因素在内。人们可以拿着脸盆、扁担等大大方方地在街上走，但若拎个便壶走在街上，就多少有些不自在了。此时，儿子直白的大实话会使买者感到别扭。而父亲则算得上是一个高明的销售商。他先赞同顾客的话（“大是大了些”），以认同的态度拉近与顾客之间的距离，然后，又以委婉的话语说“冬天夜长啊”，这句看似离题的话说得实在太好了。它无丝毫强卖之嫌，却又富于启示性。其潜台词是：冬天天冷夜长，夜解次数多且又怕冷，不愿意下床是自然的，大便壶正好派上用场。这设身处地地善意提醒，顾客不难明白。卖者说得在理，顾客买下来也就是很自然的了。

儿子一句话砸了生意，父亲一句话盘活了生意，这不正说明了话说得好听不好听在销售中是很重要的。

要知道，大多数人都说倾向好听的说法，不光是在和别人谈话的时候，即使买东西的时候也是如此。

某条街上，有两家挨着的商店，明明卖的东西一样，却一家人满为患，一家门可罗雀。有人以为两家东西品质不一样，结果经对比是一样的。有人以为两家价格不同，经对比，门可罗雀那家反而价格还稍稍便宜些。那到底是什么呢，很多人都不明白是怎么回事？后来，经过调查那家的老客户发现，原来那家人满为患的老板，特别会说话。贵的东西他就说“有品质的东西，看起来自然有档次，所以，价随物涨”；便宜的东西就说“虽然这价格是比较实惠，但是物超所值呀”。而另外一家的老板，别人说东西贵，他就说“值钱的东西肯定贵啊”；别人嫌便宜的东西不太好时，他就说“这个价钱确实只能买这样的”……就这样，两家生意相差越来越大。

俗话说“物以类聚，人以群分”，谁都希望自己与有层次、有涵养的人在一起，而不希望和那些语言粗俗的人交往。在销售过程中，一定要注意自己语言的优化，不要用一些不雅的次。比如寿险行业，最好不要说道：“如果你死了，就可以……”这样的话一出口，必然会引起顾客的反感，你这次销售注定也就失败了。

在热聊前，别急着切入正题

很多人上门推销东西的时候，总是打个招呼就直奔主题，开始宣传自己的产品，其实这种做法是不明智的。

当你向顾客推销商品时，应选择适当的话题。缩短与客户之间的距离，使自己被客户接受，而后把话题引向自己的商品，从而开始商谈，这样才是成功之道。相反，如果打一个招呼就开始介绍自己的商品，迫不及待地反复强调自己的商品是如何如何好以及购买该商品有什么好处，这样往往事与愿违。

我们常常在电视上看到这样的场景：一个销售人员，敲开一家住户的门，说了句："您好，需要买×××吗?"然后就是一句："不需要!"然后砰的一声关上了门。推销的人常常会以为这是别人太冷漠，而事实上，是自己的销售方式不恰当。因而，有经验的推销商并不是一开始就切入正题的。

一个销售人员到一家商场推销产品，接待他的是商场副经理。对方一开口，这位销售人员马上说："听口音，您是北京人。"商场副经理点点头，问道："您也是北京人?"这位销售人员笑着回答："不，但我对北京很有感情，一听到北京口音就感到非常亲切。"商场副经理很客气地接待了这位销售人员，生意谈得也很顺利。

因此，成功的推销并不是一开始就切入正题的。在推销伊始，有经验的销售人员总是尽量从顾客的兴趣着手，往往能顺利地进入"正题"。因为对方最感兴趣的事，总是最熟悉、最有话可说、最乐于谈论的。例如，对方喜欢摄影，便可以此为题，谈摄影的取景，胶卷的选择，各类相机的优劣，钻研摄影艺术的甘苦等。如果你对摄影略通一二，肯定谈得投机。如果你对摄影不太了解，那也是一个学习的机会，可静心倾听，适时提问，借此大开眼界。

有一位著名的棒球运动员，他在球场上是一个难于攻破的堡垒。他在某保险公司销售人员的眼里也被当作是一个难于攻破的堡垒。因为他对保险、投保之类的事，根本就不感兴趣。他对喋喋不休的销售人员很反感。

有一天，销售人员杰克来拜访他。与别的销售人员不同的是，进门后，杰克没说那些令人生厌的老调，也没有对保险好处进行宣传，而是以一位相当在行的热心球迷身份来倾听对方大谈棒球。他的倾听、他恰当的插话、他的问题和那些简短的议论，都给这位职业球员留下了深刻印象。交谈在热烈的气氛中进行，在一个适当时刻，杰克向球手提出一个关键的问题：“你对贵队的另一位投手利里夫的评价如何？”

“利里夫，正是有了他，我才能放手投球的。因为他是我坚强的后盾，万一我的竞技状态不佳，他可以压阵。”

“请原谅我打个比喻，你想过没有，如果把你的家庭比做一支球队，你家庭里也有个利里夫。”

“利里夫，谁？”

“就是你。”杰克谈锋正健，“你想想，你的太太和两个孩子之所以能‘放手投球’，换句话说，能无忧无虑地生活，就是因为有了你。你是他们坚强的后盾和幸福的保证。所以你好比他们的‘利里夫’。”

“你的意思是……”

“请你原谅我的直率。我是说人有旦夕祸福，万一你有个不测，我们就可以帮助你、你的太太和孩子。这样，你就可以更放心地驰骋球场，绝无后顾之忧。所以，从这种意义上说，我们也是你的

‘利里夫’。”

至此，棒球运动员才想起他的对话者的身份，然而他被打动了，这笔生意当场就拍板定案。

在这个例子中，杰克就很善于选择交谈方式和谈话内容，没话找话，从对方的职业、爱好、家庭等方面入手，使对方容易接受，并缩短了彼此的距离，为他后来的拉顾客投保这一正题打开了方便之门。试想，如果他仍采取直截了当的方式，肯定又会不获而归。

多一点坦诚，少一些吹嘘

有的时候，我们在做销售工作时，不要总是把产品吹嘘得有多么好，这样不见得对方就会相信。在面对一些顾客的时候，我们可以把产品的缺点逐一地介绍出来。为什么要使用这样的方法呢？因为这样可以满足顾客的挑剔心理。

下面来看看这个流传很广的经典销售故事误打误撞出来的经验。

曾经有一个平凡的业务员，干了十几年的销售工作。突然有一天他对长期以来的编造假话、吹嘘商品等招揽顾客的做法感到十分厌恶，他觉得这是心灵上的一种压力。为了要摆脱这种压力。他决定要对人无所欺。因此，他下定决心今后要向顾客“讲真话”，即使被解雇也在所不惜。有了这个念头之后，他觉得心情轻松多了。

这一天，当一个顾客进店光顾时，顾客问他店中有没有一种可自由折叠、调节高度的桌子。于是，他搬来了桌子，如实地向顾客介绍。他说：“老实说，这种桌子不怎么好，我们常常接受退货。”

“啊！是吗？可是到处都看得到这种桌子，我看它挺实用的。”

“也许是。不过据我看，这种桌子不见得能升降自如。没错，它款式新，但结构有毛病，如我向您隐瞒它的缺点，就等于是在欺骗您。”

“结构有毛病？”客人追问了一句。

“是的。它的结构过于复杂，过于精巧，结果反倒不够简便。”

这时，他走近桌子，用脚去蹬脚板。本来，这里是要轻轻地踩，他却一脚狠狠踏上去。桌面突然往上撑起，撞到那位顾客的下巴。

“对不起，我不是故意的。”这时，客人反而笑了起来，脸上甚至露出喜悦的神色。“很好。不过，我还得仔细看看。”

“没关系，买东西不精心挑选是会吃亏的。您看看这桌子用的木料，它的品质并非上乘，贴面胶合很差。坦白地说，我劝您还是别买这种桌子。您到别家家具店看呀，那边的东西要好得多了。”

“好极了！”客人听完解说十分开心，也出乎意料地表示他想要买下这张桌子，并且要马上取货。顾客一走，这位售货员就受到了主管的训斥，并被告知他被辞退了，马上要他办理离职手续。

这时，突然来了一群人，走到他面前，争着要看这种多用桌，一下就买走几十张桌子，说他们是刚才那位买桌子的客人介绍来的。

就这样店里成交了一笔很大的买卖。这件事也惊动了经理，销售人员不仅没被辞退，经理还主动提出要与他再续约。而且，将他的工资提高三倍，休假时间增加一倍，还把他如实介绍商品的做法称为新型的售货风格，并要他继续保持下去。

通过上面的故事我们可以看到，大部分顾客在购买产品时，都希望能够了解产品的真实特性，所以，当我们面对顾客的疑问时，真实的回答顾客的疑问，可以满足顾客的需求，这样更能够使得销售成功。

最能推销产品的人并不一定是口若悬河的人，而是善于表达真诚的人。当你用得体的语言表达出真诚时，你就赢得了对方的信任，建立起了人与人之间的信赖关系，对方也就可能由信赖你这个人而喜欢你说的话，进而喜欢你的产品。

我们在讲解产品的过程中，尽量少用带“最”字的限制词。有的推销员很喜欢讲自己的产品最好、最结实等，急于表明商品的优点。其实，这样讲，往往容易引起顾客对商品的怀疑。再说，即使商品确实是市场上最好的，但在顾客没有亲眼见到，没有经过真实比较的情况下，推销员仅靠语言讲解来证明，是很难办到的，也是不能令人信服的。因此，避免使用最高级的限定词，可以减少对顾客购买决策时带来的不良心理影响。

多带着感情谈生意

大张和小王是两个做豆腐生意的。两个人年龄相仿，吆喝的腔调也一样，都是尾部带着悠长的余韵，但两人生意的红火程度却不一样。大张的生意比小王的好很多。开始时大家都觉得奇怪，一样白嫩的豆腐，都是给足的秤，这是为什么呢？

后来，人们逐渐发现了其中的奥秘。原来，同样是卖豆腐，大张比小王多说一句话。比如，张大妈去买豆腐，大张会边称豆腐边问：“身体还好吧？”；如果跑运输的赵师傅去买，还会说：“活儿多吧？”话语里透着理解和关心。时间久了，大家都把大张当成了朋友，即使不需要豆腐，听到他的吆喝，也要买一点放在冰箱里，就为了听一句充满温馨的问候。小王后来因生意清淡，无奈只好改行了。

主动与顾客说话，进行感情交流，让顾客感到，你不是在向他们推销业务，而是在关心他、想着他，要为人提供方便。这样，客户才会认可你的产品和服务。反之，如果待人接物总是缺乏热情，会让人十分扫兴。要知道，情绪是可以传染的。优秀的销售人员总是能够很好地向客户传递积极的情绪，用自己的热情感染对方，以促成交易。而那些业绩平庸的销售人员常常注意不到这一点，在不知不觉中因自己的消极情绪而影响了销售业绩，让许许多多的成交机会从身边溜走。

某公司的销售人员向客户推荐一款办公电脑，他多次给这位客户打电话，并开出非常优厚的条件，却还是被这位客户拒绝了。不料，几天之后，他听说另外一家实力不如自己的公司一次性卖给这位客户 30 台办公电脑。他百思不得其解，自己开出如此优厚的条件，另外一家公司绝对不会比他优惠，但是这位客户为什么会选择哪家公司而不是他们公司呢？

于是，他就打电话向那位客户询问原因。客户告诉他："你们公司的条件的确不错，但是你在电话里的语气冷冰冰的，而且商业味道很重，让我感觉非常不舒服；而那家公司的销售人员给我打电话的时候，他的语气让我觉得非常温暖！"

要知道，客户也是有血有肉的人，也是一样有感情的，他也有种种需要。因此，销售员如果一心只想着增加销售额，赚取销售利润，而没有感情在内，那就不必奢谈成交了。你应该首先用热情去打动客户，要让客户感到是在帮助他，而不是仅仅想赚他的钱。应该帮助他解决他真正的需要，做一个热心的参谋，帮他算账，帮他决策，时时让他切身体会到你的热情，从而感到可以相信你，与你达成协议。这样，你的销售额还愁不能成倍上升吗？

只有带着感情、充满热情才能唤起客户对你的信任和好感，这样，交易也能顺利完成。可见，推销并不仅仅只是商品的交易，也是带着感情色彩的交易。要想成为一个成功的推销员，就要懂得如何带着感情去推销。

人都是有感情的，在商业气息越来越重的现代社会，人们感情的交流和倾吐更显得可贵。对于充满商业气息的销售来说，如果能够抓住客户情感的心结，那么销售的成功概率无疑会大大提高。与冷冰冰的销售言辞相比，充满关爱的关怀有时更容易打动客户。有些销售员善于言辞，介绍产品时说得一套一套的，可在推销的过程中四处碰壁，就是因为他在推销过程中，满嘴的商业气息，让人一点购买的欲望都没有。

是让顾客先对你感兴趣

推销产品，难免会与顾客进行初次交谈。但是初次交谈时，推销员必须引起对方的注意和兴趣。一般来说，顾客都是带着各种疑问来的，如：“他的商品可靠吗?”“适合我的实际需要吗?”等。推销员应该在开始几句话中回答这样的一些疑问，使对方对你感兴趣，让对方感觉到你的话具有说服力，这就说明开头说几句话很重要。

演员们总是想方设法地使观众的注意力、目光集中在自己身上，作为推销员也应如此。只有这样才能走出交谈业务的第一步。“万事开头难”，开篇一席话，既要创造良好的谈话气氛，又要尽可能多地了解对方，洞察对方的内心世界，有针对性地开展推销活动，这是销售中的难点。所以，开场白的设计要简单，要用最简洁的话将你要说的核心内容表达出来。而一位专业销售人员总会准备好适宜的开场白，以收到成功的效果。当顾客问你：“为什么我应该放下手边的事情，100%地专心听你介绍你的产品呢?”这时候你的答案应该在 30 秒之内说完，而且能够让顾客满意，并且吸引他的注意力。

这是利用顾客的好奇心理达到接近目的的方法。在与顾客见面之初，销售人员可通过以下几种巧妙的方法来唤起其好奇心，引起其注意和兴趣，然后把话题转向推销品。

1. 以提问的方式开场。以这种方式开场，要小心提出的问题遭到对方“不”的回答。比如，“您希望你们家的冰箱比一般的冰箱省20%的电吗?”你可以连续向对方提出问题，以引起对方注意你的产品。你可以这样问：“您对我们公司的产品有一定的了解吗?”如果对方说不了解，你可以继续说：“不了解的话就先看看我们公司产品的介绍吧。”同时将样品向客户展示，接着说：“我们公司派我特地来拜访您。您觉得我们的产品怎么样?”

2. 以讲故事的方式开场。某些时候讲一个有趣的事或者笑话开场，也能收到很好的效果。但这样做时，你一定要明确自己的目的并不只是让客户笑一笑。你所讲的事必须与你产品的用途相关，或者能够直接引导客户去考虑你的产品。当然，还要注意，讲的故事一定要简练，不然太冗长的故事，不是让人失去耐心，就是让话题偏离销售的主题。

3. 以引用介绍人的方式开场。假如你能找到介绍你认识客户的人，那么你就可以这么说：“A 先生，您的朋友 B 先生让我来拜访您，跟您商谈一个您可能会感兴趣的问题。”这个时候，A 先生可能会马上想知道你所提到的问题，这样自然能引起对方的注意。

4. 以赠送礼物的方式开场。以赠送礼物作为开场白，所赠送的礼物一定要与所销售的产品相关，因为你完全可以在送礼物的同时，顺便提及公司的产品。

初次交谈的重要性对于销售人员来说是不言而喻的，好的开场白能够吸引住你的顾客，为你争取一次成功的机会。只有做到别人对你的话语感兴趣，说出别人爱听的，你的推销才算是成功了一半。这样也会为你之后的推销打下一个坚实的基础。

第九章
在办公室说话要“讲究”

我们每个工作日都和同事要待八个小时。这八个小时说什么，怎么说，什么话能说，什么话不能说，都很“讲究”。可以这样说，在办公室中“说话”更需要讲究。大多数情况下，有些人吃亏就是因为没有掌握住说话的艺术。而那些在办公室深得人心的人，是因为他们深谙办公室的说话之道。

会说话会减少他人的心理排斥

很多人面对新工作的时候最担心的问题是，当从一个环境转调到一个新环境中，面对的同事都是陌生的，但是现在很多工作都不是独立完成，需要和别人团结合作，如果不尽快融入群体之中，对开展工作也会有很大影响。

在人们的内心深处，对外来及新来的人多少都有些排斥心理，你如果聪明的话，首先应抛开自己对他人的陌生感、畏惧心、戒备心等。一方面多多拜访你的新同事。另一方面专注地投入你的新工作。这样的话，人们很快会适应你、接受你，因为你的拜访说明你对他们有兴趣，喜欢和他们结交、相识。同时你的专心投入工作，也使他们认为你是个很认真，并喜欢你的新职业的人，表明你在各个方面都力求和他们保持一致，所以他们会很快消除对你的排斥心理，愉快地把你作为他们中的一员。

有一次，某单位同时调进两个人——田华和王宇，其中田华是个性格开朗、爱说话的人，王宇则显得严肃而沉默寡言。

田华虽然看似开朗、爱说话，但似乎目中无人，来到新单位很久了，不但没有拜访过任何人，而且工作当中也从未向别人讨教过，也许他认为有能力干好自己的工作。大家认为，此人能调来本单位，一定是上面有什么人，看他那样子，也不像是个干好工作的料儿。我们干了这么多年这种工作，还免不了要互相请教、学习，可他新来的，不经过学习就能把工作干好？

相反，大家对那个沉默寡言的王宇却大力赞扬，认为他相当不错，有思想、有见解，对于工作方面的许多设想和看法都和自己不谋而合，因此从内心里接受他做朋友。

原来，爱说话的田华自从调来单位，除在办公室见面应酬之外，工余时间他从未和别人交谈过。王宇在办公室却很少寒暄，总是低头工作，而工作之余的时间，却逐家拜访、了解，打听新环境、新单位的一些情况，顺便也提出许多工作上的问题讨教，所谓“一回生，二回熟”，“人敬我一尺，我敬人一丈”。就这样，很快就融入集体中了。

虽然自古以来“君子之交淡如水”，但“礼尚往来，有礼有节”。人与人之间就是通过来来往往、反反复复地交谈、沟通增加彼此间的了解，同时也增进了友谊。

一个人在工作中是否有人缘，是否善于和同事们打交道，是否能够按照自己的愿望尽快地完成工作任务，达到所需目的，在较大的程度上主要取决于这样一个过程的顺利完成，即相互间思想、感情、意见的交流过程，心灵与心灵，精神与物质的沟通过程。

你也许不断地会有这样的困惑，自己明明性格开朗、活泼外向，为什么却在工作中经常性地倍感孤立与不顺？事实上，也许并非是同事故意孤立你，没准儿就出在你与他们亲疏远近的关系上。当然，相信不是你不想做得上下同心、左右逢源，只是过于忽视了人与人之间的交流、同事与同事之间的沟通技巧和重要性，所以自然是常感力不从心、事倍功半了。

身在职场中，如果你想搞好和同事间的关系，融入大圈子，最好的方法就是利用业余时间多和同事交流！多向他们学习、讨教，通过你的话语，要让人们知道，你需要他们的帮助，你需要他们的友谊。如果你能做到这些，那么还会有谁能拒绝你伸出的手呢？

一时口舌之快逞不得

有些人，争强好胜惯了，不论跟人争什么都喜欢赢。在日常生活中，争执可以说是到处都存在着，一场电影、一部小说、一个特殊事件、某个社会问题，甚至某人的习惯、发型或者服饰都有可能引起争执。有些人不管对方观点如何，都会坚持自己的观点正确的，也非说得对方哑口无言才肯罢休，甚至对方都哑口无言了，他还要添一句："看吧，我就说是这样的嘛。"你以为你赢了，你以为你占到便宜了，事实上呢？

看完下面这个故事，也许你就能明白了。

第二次世界大战刚结束的一天晚上，卡尔在伦敦学到了一个极有价值的教训。有一天晚上，卡尔参加了一场宴会。宴席中，坐在卡尔右边的一位先生讲了一段幽默的笑话，并引用了一句话。这位先生说了这句话的出处，但他错了。

卡尔知道正确的出处，一点疑问也没有，为了表现出优越感，卡尔一本正经地指出那句话应该是出自莎士比亚。那人立刻反唇相讥："什么？出自莎士比亚？不可能，绝对不可能！"

那位先生坐在卡尔的右边，卡尔的老朋友弗兰克·格蒙坐在他的左边。格蒙研究莎士比亚的著作已经有很多年了，于是他们都同意向格蒙请教。格蒙听了，在桌下踢了卡尔一下，然后说："卡尔，这位先生说的没错，他说的出处是正确的。"

那晚回家的路上，卡尔对格蒙说："弗兰克，你明明知道那句话出自莎士比亚。"

"是的，当然。"格蒙回答道："《哈姆雷特》第五幕第二场。可是，亲爱的卡尔，我们只是宴会上的客人，为什么要证明他错了？那样会使他更喜欢你吗？为什么不给他留点儿面子？他并没有问你的意见，他不需要你的意见，为什么要跟他抬杠？一个人应该永远避免跟别人正面冲突。”

在职场中，我们常常会和同事进行讨论，如果观点相同，倒是彼此愉快和谐地结束；如果观点相悖，这场讨论就会升级到争论，各自持着自己的观点非争个输赢不可。其实，无论谁输谁赢，这都是一场输的争论。即使你善于雄辩，每次都能把对方说得哑口无言，那也只能说明你只是嘴巴很厉害而已。而事实上，这样的人其实是不会说话的表现。因为一个人在口头上战胜了别人，反而会伤了对方的自尊，即使对方口服，但是心里可能不服，甚至心里会对你产生怨恨的情节。如此一来，你的职场人际关系反倒不好了。

永远记住办公室是办公的地方，在处理公事上难免有意见不合时，所以与同事意见不合时平心静气地就具体的问题商量讨论，站在对方的立场来着想，让对方想要与你合作，客观地说明利害关系，凡事以公司的利益为重。这样一来，别人自然会认为你公正又讲理，毫无顾虑地与你合作。假使你每次和同事意见不合，都非要用激烈的言辞说服对方，久而久之，大家都会对你产生好胜的印象，而不愿与你合作了。此外，在交谈中，我们还应当避免争论的话题，即使你对这个话题有坚定不移的立场，最好也不要提起，因为争论很容易造成敌对心理，争执双方很快会陷入“竞争状态”，舌剑唇枪，互不相让，很少有人能对敌对者的攻击采取温和的反应，所以最好不使善意的讨论变成争论。

实话不一定要实说

在工作中，我们常常少不了和同事们交流，但是这交流的过程是很讲究语言的艺术的。有些人在办公室常常不受大家欢迎，就在于常常不知道说话的艺术，总是喜欢实话实说。比如，你的同事穿了件新衣服，别人都称赞她的衣服非常漂亮，或者是穿上去变得越来越年轻一类的话，可当人家问你感觉怎么样的时候，假如你直接回答说："你身材太胖，不适合。"或者说："这件衣服的颜色不合适你的肤色，你穿上去一点都不漂亮。"这话一出口，不仅会使穿衣服的人不开心，而且连原先赞美她的同事也觉得很尴尬。尽管你说的是事实，但是缺乏艺术性以及技巧性。这种实话实说的方式，常常让你在不知不觉中得罪了很多人。

王芳在职场上已经"混"了好些年了，也遇到各种各样的人和事，本来应该也算是一个"职场老手"，但不知为什么，她总是很容易得罪人。她心里总搁不住事儿，有什么就说什么，从来不会隐瞒自己的观点。

有的同事把茶水倒在纸篓里，弄得一地是水，她会叫他不要这样做；有的人在办公室里抽烟，她会请他出去抽；有的人爱没完没了地打电话，她就告诉她不要随便浪费公司的资源……她这样做是好心，因为如果让经理看见了. 不是一顿责骂，就是被扣奖金。

可是，好心没好报，她这样做的后果是把同事们都给得罪了。每个人都对她有一大堆的意见，甚至大伙一起去郊游也故意不叫她。

有一次她实在气不过，就向经理反映，没想到经理也不怎么支持她，并没有批评有错误的人，反倒弄得她在公司里更加被动。她非常想不通，明明我是实话实说，为什么结局是这样的？难道做人就一定要虚伪做作吗？

王芳的这种情况其实是很普遍的。人们的日常生活离不开与人打交道，如果与自己的同事关系处不好，又要天天见面，的确叫人难受。从上述事例来看，对于同事的一些缺点，实话实说本身并没有错，心胸坦荡、为人正直这是许多人都赞赏的美德。但问题在于，实话实说也要考虑时间、地点、对象以及其他同事的接受能力。所以，有时说话过于直率，言辞过于生硬会产生不良效果，不但达不到善意的初衷，而且有时反而会起作用，给自己带来不必要的麻烦。如何才能避免这些情况的发生呢？

一般人都很爱面子，爱听赞扬的话，不妨为对方想想，不要只管自己说得痛快。尽管你是善意的，但是有些话也会伤害对方，有可能会造成对方的误解和怨恨。因此，在跟同事相处的时候，要反省一下自己是否说话不得体。如果是因为没有讲究方式方法，而造成同事关系的紧张，就要考虑自我调整，克服过于直率的毛病了。

对这一点，小李是深有体会的。刚上大学的时候，小李就是一个出了名的直肠子，宿舍的老三穿衣服勇于挑战色彩，有一天，她喜滋滋地穿了一件绿色的毛衣来问小李：“我穿这件衣服漂亮吗？”小李斜了一眼：“不，就像春天里的一棵大葱。”而老五的评价显然要比小李聪明得多：“非常的超前，我刚刚看过一本时尚杂志，某位著名设计大师说绿色将是他一季设计的主打色……”尽管对于老三穿这件衣服的评价，小李和老五都没有说谎话，但由于两人说话方式不同引发的效果也就是截然不同的。小李的审美眼光从此被老三列入“农民”的一类，而老五呢，却因此而成了老三的知音！

时间长了，小李慢慢地发现，有的时候说话的技巧比内容还要重要，即使学富五车，说话不得其法也是枉然。比如，人们其实只乐于聊自己感兴趣的话题，人们总希望自己的见解得到赞美和肯定，比起中规中矩、分毫不差的“科学性陈述”，人们更欣赏幽默话语……

我们在生活中，人与人之间交流这是避免不了的，同时说话的双方彼此都希望对方能对自己实话实说。但在某些特定的场合和情况下，这种实话实说往往会令人尴尬，或伤人自尊，或引发不必要的矛盾。因此，实话是应该说的，但更应该巧说。

管好自己的嘴，话不能乱说

在工作空隙阶段，聊天就成为办公室的人打发时间的主要形式，聊天的范围虽然不受限制，但它有时却显得非常关键。在办公室中，大家都处于竞争的状态，所以在说话的时候一定要注意，不要对什么事都打听，也不要胡乱说话。俗话说“祸从口出”，为了不给自己招惹麻烦，一定要管住自己的嘴巴，知道哪些话在办公室中不该说。

1. 薪水问题

探听别人的薪水，是每个公司的大忌。因为同事之间的工资往往都是有差别的，“同工不同酬”是老板常用的一种奖优罚劣的手法。但这个手段是把双刃剑，如果使用不当，很容易造成员工之间产生矛盾，而且最终会将矛头直指老板，这当然是他所不想见到的，所以他对好打听薪水的人总是格外防备。

有的人打探别人时喜欢先亮出自己，比如先说“我这月工资多少，奖金多少，你呢?”如果他比你薪酬多，他会假装同情，心里却暗自得意。如果他没有你收入多，他就会心理不平衡了，表面上可能是一脸羡慕，私底下往往不服，这时候你就该小心了。

首先你不要做这样的人，其次如果你碰上这样的同事，最好早点做好准备。当他把话题往工资上引时，你要尽早打断他，以公司的规定来使其闭嘴；如果他已经提了，就用幽默语言来处理。你可以说：“对不起，对这件事我不想发表任何言论。”有来无回一次，他下次就不会问了。

2. 人生理想

不要在办公室里谈你的人生和理想。既然你是在打工，那就安心打工吧，雄心壮志的话可以在你自己的私密空间和家人、朋友说。在公司里，不要没事时整天念叨“我要当老板，我要创业”，这样说，很容易被老板当成敌人，或被同事看作异己。

如果你在办公室里说，“在公司我的水平至少够副总”或是“35岁时我一定能干到部门经理”这样的话，很可能就将自己放在同事的对立面上。你公开自己的进取心，就等于公开向公司里的其他同事挑战。

做人要低调一点，是自我保护的好方法。你的价值体现在做多少事上。虽然现在的社会讲究表现自己，但是在该表现时表现，不该表现的时候就得低调做人。“胸有激雷而面如平湖者，可拜上将军”，所有成大事者都是低调的人。

3. 私人生活

如果你在生活中正在热恋或者面对失恋，你要隐藏你的情绪，千万不要把情绪带到工作中来，更不要把你的故事带进办公室。

虽然你的话题很容易引起大家的关注，但那只是一时痛快。当你在说自己的私事的时候，要知道说出口的话如同泼出去的水，再也收不回来了。日后如果遇到什么矛盾，你的这些隐私很有可能就是别人攻击你的把柄。

办公室中可以说风云变幻、错综复杂，把自己的隐私保护起来，不要在办公室中谈论，轻易不让办公室的人涉及你的私密世界，是非常明智的一招，是竞争压力下的自我保护。

同时也要注意，“己所不欲，勿施于人。”不在办公室说自己的私密，也不要打听别人的私事，更不要议论公司里的是非长短。你以为议论别人没关系，到最后很有可能引火烧身，等到火烧到自己身上，那时再“逃跑”就显得被动。

一定要牢记这句话：静坐常思自己过，闲谈莫论他人非。

4. 别人的隐私

我们都很讨厌别人知道自己的隐私，而且在生活中由于探听和泄露别人的隐私所引发的矛盾数不胜数。所以，那些热衷于打听别人隐私的人是令人讨厌的。

大家都知道，在西方人的礼节中，“探问女士的年龄”被看成是最不礼貌的习惯之一，所以西方人可以对女士毫无顾忌地大加赞赏，却不过问对方的年龄，这是“不能说的秘密”。

如果在工作中你打算向同事提出某个问题，最好先想一下，看看这个问题是否会涉及对方的个人隐私，如果涉及了，要尽可能地避免，这样对方不仅会乐于接受你，还会为你得体的问话与轻松的交谈而对你留下好印象，为同事间的交往打下良好的基础。

5. 不要炫耀

我们在社会交往和工作中要对别人坦诚相待，但是并不是说要无原则地坦诚，而是要分人和分事的。哪些话该说哪些话不该说，心里必须有分寸。就算你刚刚新买了车子或利用假期去欧洲旅游了一次，也没必要在办公室里炫耀。有些快乐，分享的圈子越小越好。被人妒忌的滋味并不好受，因为容易招人算计。

无论露富还是哭穷，在办公室里都显得做作。与其讨人嫌，不如知趣一点，不该说的话不说。

总之，我们要想在办公室这个纷繁复杂的环境中求生存，想要在激烈的竞争中立于不败之地，那就需要我们掌握更多的说话技巧。这些技巧需要我们在工作中不断积累，才能最终提高自己。

不做办公室里的“小喇叭”

不难发现，似乎每个办公室都会有那么一个人，消息特别灵通，不论是谁谈恋爱交朋友，还是谁要升职离职，他（她）总是最早知道消息的那一个。对于“小喇叭”来说，一个人最先知道了最新消息肯定是远远不够的，必须要在办公室传播开来才显得出其成就，结果就是——即使是办公室里消息最不灵通的人，也知道了。

但是有时候，明明一个很简单的事，被大家传来传去、添油加醋，最后完全变了味。比如，某办公室的小喇叭，看到公司的某经理和一个年轻姑娘在餐厅吃饭，然后跟同部门的同事一说。结果经过无数人的嘴，最后变成了“某经理和一个漂亮姑娘在餐厅里面吃饭，两人可亲热了”。事实上呢？只不过是这位经理的同学来找经理帮忙的事。

的确，在我们这个世界上，总是有很多人喜欢传播一些谣言、小道消息，并以此为乐。某个网站曾对上班族进行了一次问卷调查，竟然获得了一些使人啼笑皆非又颇值得我们深思的结果。其中，当被问到“什么是吸引你每天上班的理由”时，竟有相当一部分人在“不上班，就听不到许多小道消息、谣言、流言、传言和谗言”之后打了勾。

俗话说“人多口杂”，在办公室里，形形色色的人聚在一起，难免制造出流言蜚语。而且现在网络如此发达，通过电子邮件、MSN、QQ、微博、微信，什么消息立马就能在公司上上下下传播开来。有些小道消息作为茶余饭后的谈资，倒是可以让人在工作之余有个轻松的氛围。但是，在公司里、办公室中，这些消息是真是假、从何而来，基本上没有办法弄清楚的，特别是一些涉及个人隐私的，比方说男女关系、家庭婚变、人事变动等，更是传播速度接近光速，这些其实都是办公室里的不稳定因素，影响整个部门的团队凝聚力，所以领导还是非常忌讳这种言论的。

媛媛是一家知名企业的行政助理文员，公司里的大大小小的事都逃不过她的眼睛和耳朵，幼稚的她总觉得了解公司内幕多是很有成就感的事，每次她传播消息的时候，听到同事说：“媛媛，你消息真是太灵通了。”她就一股自豪感油然而生。

可有一次事情闹大了，事情关系到公司高层的名声，然后上面的人就派人来调查了。不用说，最后矛头都指向了媛媛。缓缓这时才意识到问题的严重性，但是，已经来不及了。公司不但开除了媛媛，她还因此给别人留下了极坏的印象。

办公室里难免会有各种各样的新闻，但是我们要学习守口如瓶，尤其在一些与领导、同事私生活有关的话题上。记住，滴水可以穿石，在关键时刻你必定会意识到同事们的信任有多么宝贵。如果你极其热衷于传播一些低级趣味的流言，至少你不要指望旁人同样热衷于倾听。那些“道不同不相为谋”的同事迟早会对你避而远之，更严重的是，如果被领导知道了，那些小道消息、流言蜚语总是来源于你，那你就会成为众矢之的了。别说是否还能在同事中有人缘，恐怕你的工作都保不住了。

理性面对流言蜚语

不可否认，流言蜚语在办公室内十分常见，总是有一些人喜欢搬弄是非。当你不幸成为流言蜚语的对象时，你必须要尽快解决这一麻烦。当然，当你听到有人在背后传播你的流言时，你很生气，很想马上揭露他的真面目。但是，你最好不要这样做，因为大家是同事关系，你若做出绝交的姿态，最后吃亏的一定是你。你这样做别人就会认为问题出在你的身上，还会给对方留下伤害你的话柄，这是非常不明智的。而且你们在同一间办公室工作，每天上班的时候都和对方冷眼相对，这是会影响工作的，同时还会影响其他同事的工作，到时候大家会把责任归到你的身上。更何况领导一般都不喜欢发生下属因私事交恶而影响工作的情况。

一般应对流言有两种方法。一种是正面消除流言，马上制止留言。有时候正面消除流言蜚语是十分必要的，有些谣言传播得太久，就会被他人误以为是事实，因此，你可以与散布谣言者正面交锋，与其单独谈谈这一问题。

你可以把最先传播这个消息的人约出来，进行一次私下的交谈；也可以请一个中间人，以缓和你们之间的气氛。如果事态确实很严重，你们私下的交谈也无法解决这一问题，那你只好跟自己的领导讲清楚："这是我觉察到正在发生的事，我希望大家能见个面，坐下来好好谈一下。"你还可以直接找到制造谣言者，当面对他说："我知道你曾经说过……"如果那个人心虚，不敢面对你，他可能会说："哦，没有。""谁，我？"或者"这怎么可能呢？"这时，你可以趁机回答："好，我很高兴你没有说，我也不希望再听到这些谣言。"

如果对方理直气壮，他也许会说：“是的，那又怎么样？”这时，你可以问问他：“你能给我说说你为什么会说这些话吗？”或者“我们能坐下很好地交换一下各自的想法吗？”这样，你们之间的问题也许可以得到解决，或缓解你们之间的冲突与矛盾。

第二种方法，就是以沉默应对流言蜚语，让流言不攻自破。路遥知马力，日久见人心，时间长了，谁是谁非自然也就不攻自破了。

张婷被北京总部派到上海开拓业务，很多谣言说她靠色相拿到了好的职位。张婷听了不懂声色，也没有理会那些谣言，她对自己定下的首要任务，就是尽快熟悉上海的环境，熟悉新的业务，好好工作。后来张婷的工作业绩和对爱情的执着，让大家明白了先前的流言只是因为有人嫉妒而为。结果不出三个月，这样的流言就消失了。

明枪易躲，暗箭难防。办公室里难免有混浊的空气，所以即使我们自己坚守“清者自清”“身正不怕影子斜”的人生格言，但是有时还是难免被“流言”“暗箭”击中。当你不幸被流言击中，千万要冷静。语言是操练自己耐心的一种本领，巧言应对，让自己免于流言的伤害。

批评别人，要照顾对方的感受

在工作中，大家或许都有过这样的经历，无论自己是否做错了，当你的同事严厉地指责你时，你的心里一定非常不服气，甚至在心里说：你自己做得也不怎么样，有什么资格说我呢！批评责备无论对谁来说，都不是一件让人愉快的事。但是，如果你能够掌握适当的批评技巧和语言方式的话，说不定能够取得更好的效果。

美国前总统柯立芝有一次批评他的女秘书说："你这件衣服很好看，你真是一个人一看就让人动心的小姐。但是我希望你打印文件的时候可以去注意一下标点符号，这样打印出来的文件才会像你一样好看。"女秘书对这次批评印象非常深刻，自此之后她打印文件的时候非常仔细。

不管是作为上司还是同级同事，只要我们记住：人非圣贤，孰能无过。在这个世界上，没有人不会犯错误。当我们面对一个总是不断犯错误的同事，在对其进行沟通的时候，一定要讲究方式，顾及对方的感受，委婉地表达你的想法，这样对方会很容易接受，还不会造成不必要的麻烦。我们也可以找一个恰当的机会，比如大家一起吃饭或聊天的时候，婉转地说出自己的想法，与当事人个别交换意见，也许更会得到对方的理解；或者用一个幽默来表达自己的看法，肯定有利于问题的解决。

每个人都可能在工作中犯错，这种过错有些时候可以被当事人发现并改正，而有些错误却是当事人在无知无觉的情况下造成的，这个时候，他就需要有人可以进行一些提示，或者说是指正。而人们又存在这样一种心理：不喜欢被人批评责备。那么，作为一个同事，在你的同事犯错需要你指正的时候，你该怎么做呢？说些什么，才能够当对方更好的认识到错误，并愉快的接受，进而改正呢？

1. 指出错误要选好场合

没有人喜欢自己被人指着自己哪里哪里做错了，尤其是在人多的场合。所以，在批评别人的时候，为了被批评者的“面子”，要尽可能地避免第三者在场。关上门，小声说，你的语气越“温柔”越容易让人接受。

2. 创造良好的氛围

做错事的一方一般都会本能的有种害怕被批评的情绪。如果一上来就开始你的“牢骚”，并且很快地进入正题，那么被批评者很可能会产生不自主的抵触情绪。很可能会造成他们口服心不服。所以，先创造和谐的气氛，先让他放松下来，然后再开始你的“慷慨陈辞”，这样才能达到很好的效果。

3. 对事不对人

谁都会做错事，做错了事，并不代表他这个人如何如何。批评时，一定要针对事情本身，不要针对人。一定要记住：永远不要批评“人”。因为错的只是行为本身，而不是某个人。

4. 找到解决问题的办法

当你批评某个人的同时，你必须要告诉他正确的做法，这才是正确的批评方法。不要只是“指手画脚”，一定要他明白：你不是想追究谁的责任，只是想解决问题。而且，你有能力解决。

做任何事情都是要讲方法的。就算是批评人也是要讲究一定的方法，要能够让别人心悦诚服地接受。来看下面一个例子，就很能说明这个问题。

有一家建筑公司的安全检查员，他的职责是督促工地上的工人戴好安全帽。刚开始，当他发现有不戴安全帽的工人时，立即很严肃地批评工人，要他马上戴好安全帽。结果，被批评的工人很不高兴，等他一离开，就马上脱下安全帽表示反感。于是，安全检查员改变了方式，当他遇见有工人不戴安全帽时，就问是不是帽子戴起来不舒服，或是帽子的大小不合适。并且用愉快的声调提醒工人，戴好安全帽是很重要的，最后要求工人在工作时最好戴上安全帽。结果，工人很乐意地戴上了安全帽。

所以，有时候，我们严厉指责同事的错误，而他完全不为所动，并非他是一个不愿改正的人，而是你指责的方式错误了。选择正确的方式，不但可以帮助别人改正错误，还可以让我们拥有更宽松、愉快的工作环境。

第十章
和领导说话要拿捏好分寸感

俗话说：会干的不如会说的。职场中，有些人默默无闻地做了很多事，但是却一直没有提拔的机会；有些人虽然工作未必有多勤奋，却能够在职场上平步青云。可见，会说话在职场中是多么重要。要想打动领导帮你加薪、升职，你就应该懂得如何说话，如果用语言打动你的领导。

汇报也是表达自己的一种方式

有很多人做自己的工作总是喜欢自己埋头苦干，等到完成的时候，才向领导汇报整个事件。对于某些领导来说，会觉得你是一个独立的人。但是某些领导就会觉得，你这是不尊重他的表现。如果你的工作完成得不错还好，如果有差错，恐怕等待你的就是领导严厉的批评了。

所以，为了表现出你对领导的重视，你应该勤于汇报工作。经常请示汇报工作，让领导知道你干了什么，效果如何，如果遇到困难和麻烦，领导还可在人力物力上支持你，比你埋头苦干要强上千百倍。

某市一家建材公司的王力从一个用户那里考察回来后，敲开了经理办公室的门。

“情况怎样？”经理劈头就朝王力问道。

王力坐定后，并不急于回答经理的问话，显得有些心事重重的样子。聪明的王力知道，他要汇报的情况，经理一定是不高兴的。经理从王力的表情已猜出了情况对该公司不利，于是改用了另一种方式问道：“真没有挽救的可能？”

“有！”王力这次倒是回答得很干脆。

“谈谈你的看法！”

王力开始把他考察到的情况娓娓道来：“我了解到，该用户之所以不用我们厂的产品，主要是已答应进另一乡镇建材厂的产品。”

“竟有这回事？”

“嗯。不过，我们的产品应该比乡镇企业的产品有优势，价格公道、质量好，在外已有一定的知名度。”

“对，一个小小的乡镇企业是无法和我们相比的。”经理打断了王力的汇报。

“所以说，我们肯定能变不利为有利，最重要的是，当地的建筑公司，多年来只认我们公司生产的建材，我们可以直接到每个乡镇去走访，在每一个乡镇找个代理商即可。”

“小王你想得真周到，不但找到了症结，还想到了解决问题的方法，要是厂里的职工都像你这样认真负责就好了。”

“经理您太过奖了，能为公司分忧，是我们应尽的职责。经理您工作忙，我就不多打搅了，再见!”

不久，王力就被调到了销售科，专搞产品推销。该公司的建材销量，比历年来都高。王力也越来越被重视了。

在向上司汇报工作的时候，不光是向他表述了整个工作的进度，同时还可以体现出你的办事能力。所以，汇报工作也是向领导表达自己的一种方式。你的说话水平决定了领导是否重用你、欣赏你，以及你的升职机会。

与领导要时常交流，让他知道你对工作的看法和建议。汇报工作是一种很好的交流方式。在向领导汇报工作的过程中要注意：

1. 语气要平和，态度要端正。你在向领导汇报工作时要表现出一种谦虚谨慎、不骄不躁的样子。在语气上，要用平缓的语气，应避免慷慨激昂。

2. 抓住重点。汇报之前，你应先拟好汇报的主要内容，不能太简单，也不能太啰唆，关键的话题要说到点子上。没有哪一个领导会喜欢啰唆而又政绩平平的汇报者。

3. 对汇报的内容做多方面的准备。任何一个上司，都不可能只听你汇报而一言不发。有的领导在你汇报工作时，喜欢向你提问，从而打断你的汇报。这时你应停下来，耐心地回答领导的提问，不要认为工作没汇报完，失去表现的机会。领导插问，也是对你重视的一种表现。须知，你面对的是领导，而不是你的下属。你耐心地回答了领导的提问，然后再巧妙地接上你未汇报完的部分。

赞美领导要不落俗套

每个人都喜欢得到别人的赞美，领导也不例外。但是赞美领导比别人更讲究技巧，如果你能很好地掌握其中的技巧，恰当且含而不露地赞美领导，会增加你与领导的感情，缩短与领导的距离。

说到称赞领导，可能有人会想到献媚讨好、阿谀奉承领导，其实这是两个截然不同的概念。我们在称赞领导的时候，是对他的能力、成绩及为人处世的态度的一种肯定，这是需要有一定事实根据的，而不能说谎话、说大话、脱离实际。只是在某些时候，为了能够起到更好的效果，可能会略微地做一些修饰，但这也应该在人们能够理解和接受的范围之内，不能过火。

某交通局局长喜欢开车，常常自己驾车，并乐于谈论车技。一次，他的司机老李不慎在驾车过程中扭伤了腰，局长让老李坐车，自己开车。当时正值下班高峰，路上交通拥挤，但局长的车开得稳而不慢，这时老李开口说："局长，想不到您的车技这么好，在这种情况下开得这么快，比专业司机还棒。"

这句由衷的赞美之辞使局长非常高兴，并夸老李很有眼光。从此，局长与老李之间的关系更加融洽了。

巧妙的赞美是下属与领导搞好关系的"润滑剂"，同时给自己工作也带来很多便利。赞美的妙用随处可见，但用错了却也会让你弄巧成拙。

某公司的总经理在抓好公司业务的同时，结合自己的工作实践撰写了一本《经商之道》的书稿。部门经理这样称赞道："您在企业工作真是一个错误的选择。如果专门研究经营管理，我相信您一定会成为商务管理的专家，会有更加突出的成果问世。”

总经理听完部门经理的一席话，不满地说：“你的意思是说我不适合做公司的总经理，只有另谋他职了。”见总经理产生了误解，本来想给总经理“戴高帽”的部门经理吓得头冒虚汗，连忙解释说：“不，不，不，我不是这个意思，我是说……”

还是秘书过来替部门经理打了个圆场，说道：“部门经理意思是说您是个多才多艺的人，不仅本职工作抓得好，其他方面也非常出色。”

总之，赞扬领导要适度，要因人而异。恰当地赞美领导，才能够让领导觉得自己很优秀，这样不但能够让领导乐于接受你的赞美，还能使领导记住你。

首先，赞美领导先要了解领导的个性心理。领导者首先是一个人，作为一个人，他有他的性格、爱好，也有他的作风和习惯。下属只有了解领导的个性心理，才能在赞美的时候恰到好处。不要认为这是为了“低俗”地迎合领导，其实这样可以更了解领导，可以更好地沟通。与领导交往时要永远记住，领导都希望下属恭维他、赞扬他。你要找出领导的优点和长处，在适当的时候给领导诚实而真挚的恭维。

其次，抓住领导的心理。虽说赞美是一件好事，却并非是一件简单的事。每个人都不会拒绝别人真诚的赞美，包括领导。但赞美的话一定要说得巧妙，不可过于流俗。

拿破仑对于奉承一向很反感，这一点他的士兵都知道。然而有一个聪明的士兵却对拿破仑说：“将军，您是最不喜欢听奉承话的，您真是位英明的人物！”拿破仑听后不仅没有斥责他，反而十分受用。这位士兵之所以能赞美成功，就是因为他了解拿破仑的脾气秉性，深知拿破仑讨厌奉承话，但他又很聪明，准确地赞美了拿破仑的“闪光点”。

现实生活中，有人精通赞美之法，有人却不会赞美别人。大文豪萧伯纳曾说过：“每次有人吹捧我，我都头痛，因为他们捧得不够。”可见，赞美人人都爱听的，关键是赞美的人能不能说得巧。

最后，赞美领导的话要有独到之处。对你的领导而言，可能有一些赞美是他经常听到的，这些赞美往往是针对他最突出、最明显的特点的，如外表看来比实际年龄更年轻、相貌英俊、气质不凡等。这些赞美话，对他而言已听过很多次，甚至已成为习惯了，再听到同样的赞美，其效果必然会很一般，容易被领导看成是常规的客套，而不再具有特定的意义，甚至还会因此认为你对他没有比较深入的了解。所以，要经过仔细观察总结，再来赞美领导，虽然花费的心思多一点，但是效果肯定不止好一点点。

和领导开玩笑要有分寸

在职场中，很多人都喜欢相互之间开开玩笑，这样不仅可以活跃气氛，还可以拉近彼此间的距离。但是同事之间相互开玩笑倒也还好，就是有些人和同事开玩笑开习惯了，面对领导也无所禁忌。殊不知，这种“没大没小”地对着领导开玩笑，说不定就成了自己职业发展的阻碍。

丹丹是某公司的报关员，更是个聪明活泼的女孩子。她脑子快、言辞犀利，并且还具有丰富的幽默细胞，是公司的一颗“开心果”。可是这么优秀的丹丹，在公司里却得不到经理的青睐。

丹丹工作相当认真努力，有时为了赶时间，一大清早就要赶到海关报关。满身疲惫回到办公室，经理不但不体谅她反而还不断地不分青红皂白地说她迟到、旷工，不管丹丹怎么解释都不行。丹丹委屈极了，就向有经验的人求教。有经验的人问她：“你是不是平时在言词上对他不敬啊？”

这么一问，丹丹就想起了一些的事情，自己平时就爱与同事开玩笑，后来看到经理斯斯文文，对公司里的员工总是笑眯眯的，胆子一大，就开起了经理的玩笑。一天，领导一身崭新地来上班了，灰西装、灰衬衫、灰裤子、灰领带。丹丹夸张地大叫一声：“经理，今天穿新衣服了！”经理听了咧嘴一笑，还未曾来得及品味喜悦的感觉，丹丹就又接着说了一句让领导十分不爱听的话：“像只灰耗子！”

又有一天，客户来找经理签字，连连夸奖经理：“您的签名可真气派！”这时，丹丹正好走进办公室，听了之后便一阵坏笑：“能不气派吗，我们经理可是暗地里练习了三个月了。”丹丹这句话说出口之后，经理和客户便同时陷入了尴尬的局面。

由丹丹身上所发生的事情可以得知：开玩笑确实可以拉近同事间的距离，缓和人际关系。但是同事之间相互打趣对方，大家也就不太在意。但是对于领导，被下属打趣会产生一种被冒犯的感觉。这就是丹丹虽然聪明能干、却得不到重用的原因。

你一定要记住这句话：领导永远是领导，不要期望在工作岗位上能和他成为朋友。即便你们以前是同学或是好朋友，也不要自恃过去的交情与领导开玩笑，特别是在有别人在场的情况下，更应格外注意。所以，不要随便开领导的玩笑。想和领导拉近距离，我们可以通过得体的语言或者巧妙的赞美，而不是通过这种冒犯领导的方式。

如果你在办公室工作，无论日后是想仕途得意平步青云，还是想就此默默无闻地过太平日子，都有必要在办公室这个无风还起三尺浪的地方注意开玩笑的艺术，哪怕是最轻松的玩笑话，都要注意掌握分寸。

永远不要替领导做决定

我们都知道，领导作为上级，就是做决定下命令的人。但是很多员工，却常常故作聪明，忘却了这一点。这样做的后果，不但你的决定会被领导的否决，还会因此得罪领导，就有你好看的了。

《三国演义》里有这样一则故事：曹操怒斩杨修。曹操屯兵日久，想进军被马超拦路，想退兵又怕蜀兵耻笑。这天，厨师送来鸡汤，曹操见碗中有鸡肋，恰好夏侯惇来请示夜间口令，曹操随口说："鸡肋，鸡肋。"夏侯惇传令，口令为"鸡肋"。行军主簿杨修就让手下军士收拾行李，准备回家。夏侯惇得报，问："你为什么收拾行李?"杨修说："因为听到今夜的口令，知道魏王不久就要退兵。鸡肋吃着没有肉，扔了又可惜。魏王进不能胜，退怕人笑，在此无益，不如早归。"夏侯惇众将都准备回家。曹操夜间巡营，见此情况，一怒命武士杀了杨修。原来，杨修才高，为人狂放，常犯曹操的忌讳，又与曹植关系密切，常教曹植难倒曹丕，甚至难倒曹操。曹操早想杀他，正好以扰乱军心的罪名杀了他。

由这则例子可以看出，曹操当时对进兵还是退兵犹豫不决，遂以"鸡肋"为号，但并未下令退兵，但杨修自以为洞察其真实意图，自作主张，视领导权威于不顾，是其罪名一也；大军初败，军心、士气为重，杨修扰乱军心，是其罪名二也。由此联想到，作为一名员工，不要以自己的看法、想法来替代领导的指令，自作聪明反被聪明误。

在与领导进行语言沟通时不要代替领导做出决定，而是应该引导领导，让领导说出自己的决定。

徐成年轻干练、做事踏实，入行没几年，职位便一路高升，很快成了单位里的主力干将。几天前，新领导走马上任，上任伊始，就把徐成叫了过去："小徐，你经验丰富，能力又强，这里有个新项目，你就多费心盯一盯吧。"

受到新领导的重用，徐成自然就干劲十足。恰好这天要去上海某周边城市谈判，徐成一合计，一行好几个人，坐长途公交车不方便，人也受累，会影响谈判效果；打车吧，一辆坐不下，两辆费用又太高；还是包一辆车好，经济实惠还方便。

主意定了，徐成却没有直接去办理。几年的职业生涯让他懂得，遇事向领导汇报一声是绝对有必要的。于是，徐成来到领导办公室。

"领导，您看，我们明天要出去谈判，"徐成把几种方案的利弊分析了一番，接着说，"所以呢，我决定包一辆车去。"

汇报完毕，徐成发现领导的脸不知道什么时候黑了下来。领导生硬地说："是吗？可是我认为这个方案不太好，你们还是坐长途车去吧。"

徐成愣住了，他万万没想到，一个如此合情合理的建议竟然被否决了。

"没道理呀，傻瓜都能看出我的方案是最佳的。"徐成大惑不解。

徐成凡事多向领导汇报的意识是很可贵的，可他错就错在措辞不当。徐成最后说的是"我决定包一辆车"。在领导面前说"我决定如何如何"是非常不明智的。如果徐成这样说："领导，我们现在有三个选择，各有利弊。我认为包车比较可行，但我做不了主，您经验丰富，帮我做个决定行吗？"领导听到这样的话，自然就会顺水推舟，答应这个请求。这样岂不是两全其美？

在职场中，聪明人永远不会代替领导做决定，而是让领导来决定。

别把“建议”提成“意见”

历史上，有很多将不如卒、君不如臣、忠臣义士常常被昏君打压谋杀的故事。在职场中也常常存在这样的现象，虽然职场中很多领导未必就是“昏将”“昏君”，但是他们也不是万能的，有些问题他们也可能解决不了，需要别人给他们建议。

对于那些强力相谏的人，领导头疼的不是他提的意见，而是意见的提出方式。

“经理，您刚才说的观点完全错了，我觉得事情应该这样处理……”或者“经理，您的办法我不敢苟同，我认为……”这些方式首先否定了经理意见的全部，作为领导来说自然会觉得脸上挂不住，不管你后面说得多么好、多么正确也无法打动他，因为他从一开始就产生了抵制下属意见的想法。

如果你能抓住领导意见中的某一处被你所认同的地方，来加以肯定，然后再提出相反的意见则易被接纳。因为你一开始肯定上司意见的某一处价值，就已打开了进入上司脑中意见库的大门。例如：“经理说得对，在产品质量方面，我们的确应当给予充分的重视，这是解决问题的前提之一，我认为除此之外，我们还应当……”后面提出观点，尔后重点在于论证过程，通过说理和举例指出不这样做的后果，让领导意识到你的观点从实践上更加可行。

结束发言之时，别忘了强调你提出相反意见的出发点。

“我想，如果真能这么做的话，排除这个问题是不费吹灰之力的，公司也能以更高的速度发展。”听了这话后，领导就会意识到你的一切意见的最终目的，都是为了公司的前途，也就是大家的前途。

实际上给领导提意见其目的无非是想让领导接受，既然这样就要提高意见被采纳的效率，也就更应该注意给领导提意见的方式、方法。历朝历代那些勇于进谏、善于进谏、精于进谏的人，不仅仅是因为意见正确，而是非常注重让领导能够听进去，能够说服领导采纳意见。所以，不是不能给领导提建议，而是要注意给领导提建议的方式方法。

首先，注意选择好时机和场合。如果你要提的建议有助于解决领导正在认真思考的问题，那么很显然，你在这个时候提出的建议一定会引起他的重视。而且，领导在情绪良好的时候一般更容易接受你的意见。还有，给领导提建议时，无人在场要比有人在场好，除非你有把握相信其他人会支持你的建议，并且领导对他们的支持反应良好。

其次，提建议的时候要尽可能避免打扰领导的日常工作。通常的方法是，事先做好大量与建议有关的工作。例如，如果你认为领导应该通知生产部门注意某些顾客对产品质量的抱怨，那么你可先试着为领导起草一份材料。如果你很了解领导的话，你在提建议的时候就可以把这份材料交给他。一般而言，让领导签字总比让他撰文要容易得多。

把握领导的自负心理，谦虚地提出你的建议和意见，才会让领导听进去，至于做不做那就是另外一回事儿了。

委婉地指出领导的错误

世界上没有人喜欢被人批评，尤其是作为领导，被自己的下属批评。但是没有“批评”就没有改正，如果我们发现领导错了而没有及时指出来，最终造成公司的损失，我们也还是脱不了责任。所以，很多时候，我们不得不批评对方，即使是自己的领导，或者是至尊无上的帝王。此时，若没有像魏征大丞相的胆识，就一定不要尝试严词力谏，还是应该巧妙地指出领导的错误，

战国时，甘罗的爷爷是秦朝的宰相。有一天，甘罗看见爷爷在后花园走来走去，不停地唉声叹气。

“爷爷，您碰到什么难事了?”甘罗问。

“唉，孩子呀，大王不知听了谁的挑唆，硬要吃公鸡下的蛋，命令满朝文武想法去找，要是三天内找不到，大家都得受罚。”

“秦王太不讲理了。”甘罗气呼呼地说。他眼睛一眨，想了个主意，说“不过，爷爷您别急，我有办法，明天我替你上朝好了。”

第二天早上，甘罗真的替爷爷上朝了。他不慌不忙地走进宫殿，向秦王施礼。秦王很不高兴，说：“小娃娃到这里捣什么乱！你爷爷呢?”

甘罗说；“大王，我爷爷今天来不了啦。他正在家生孩子呢，托我替他上朝来了。”

秦王听了哈哈大笑：“你这孩子，怎么胡言乱语！男人家哪能生孩子?”

甘罗说：“既然大王知道男人不能生孩子，那公鸡怎么能下蛋呢?”

虽然人人都知道公鸡是不能下蛋的，但是若有人据理力争，大骂秦王昏庸，恐怕后果就很严重了。有时我们指出领导的错误，不

见得非要义正词严，因为你要尊重领导，还要为领导的威严着想，顾及领导面子。中国人酷爱面子，视尊严为珍宝，还有“人活一张脸，树活一张皮”的说法，做领导的更爱面子。身为领导，要树立起权威，若不慎做了错误的决定或说错了什么话，下属直接指出领导的错误，无疑是向他的权威挑战，会让他很没有面子。相信一个最宽宏大量的领导也无法忍受。

金无足赤，人无完人，领导也有错了的时候。这时候，你要装作不知道，事后尽力去弥补就是了。有些人直言快语，肚子里放不住几句话，发现领导的疏漏就沉不住气。某公司召开年终总结大会，主任讲话时出了个错，他说：“今年本公司的合作单位进一步扩充，到现在已发展到46个。”话音未落，一个下属站起来，冲着台上的主任高声纠正道：“讲错了！讲错了！那是年初的数字，现在已达到63个。”结果全场哗然，主任羞得面红耳赤，情绪顿时低落下来。

领导有错时，不要当众纠正。如果错误不明显，不关大局，其他人也没发觉，不妨“装聋作哑”，等事后再予以弥补。不要在公众场合或同事的面前跟领导顶嘴，否则会弄巧成拙。因为有些领导极重“面子”即使明知自己错了，也拉不下脸当众承认，如果你穷追猛打，在大家面前让他出丑的话，吃亏的只会是自己。

而且，消极地给领导保面子不如积极地给领导争面子。如果发现领导有某种错误或不妥之处，可以在一对一的情况下，或下班后一齐娱乐时，委婉地向他提出，但要特别注意不可过分强调，以免引起他的反感。在交谈中要时刻注意他的反应，如果他表现出满脸的不高兴，或找出各种理由极力为自己辩解，你就要立即停止，不可再三提示他的错误。如果听完你的提示，他承认自己所犯的错误，并为此表示烦恼，你可以找出适当的借口为他开脱、打圆场，使他得到心理上的安慰，这样他会把你看作知心人，自然会对你加以重用。

巧妙表达升职加薪的愿望

对于在职场打拼的年轻人来说，勤勤恳恳地工作无非就是为了升职加薪。但是，有时候你的努力付出可能被领导看到，而获得你想要的嘉奖；而有的时候，你的辛勤付出并不一定就能被领导看到，更不会主动为你升职加薪。所以，假如你想升职加薪，仅靠消极等待是不可能实现的，必要时可采取积极、主动的方式向领导提出你的要求。但是，对于大多数年轻人来说，向领导要求加薪是一件非常难开口的事，担心要求被领导拒绝，在以后的工作中对自己刻意挑剔。

其实，向领导提出加薪的要求并没有大家想象中的那么难，只要你认为加薪是合理的，你就有权提出。但是，当你向领导提出加薪的要求时，要注意说话的方式，语言必须委婉慎重，学会以商量的口气说话。最好是巧妙地、有技巧地把自己的意图传达给领导，就算万一不被领导接纳，也不至于让双方陷入尴尬的局面，以致影响日后的相处。

张扬是某公司的行政助理，她已经在这个公司工作 4 年了。可是工资并不理想，她想让老板为自己加薪。于是在一个上午，她瞅准老板一人在办公室看报纸的机会，敲门走了进去："老板，我有个小小的要求，不知您是否会答应？"张扬一副微笑的面孔对着老板，缓缓说道。

"什么要求？说说看！"

"我……我现在已经是个老员工了，但由于生活所迫，经济压力较大。您看能不能给加一些工资？"

“可你对业务还不太熟悉，这恐怕不太合适吧。”老板面有难色。显然，这是老板的托词。一个人在一个公司工作 4 年，怎会对业务还不熟悉呢！

张扬不动声色，微笑着回答老板的疑问：“老板，业务我可以慢慢熟悉。如果您同意我这个请求，我会好好珍惜，一定不会让您失望。”

听张扬这么一说，老板面色缓和了许多，问道：“你希望工资上调多少呢？”

“我现在的工资是 1600 元，您看 2000 元合不合适？您放心，我一定不会让您失望的。”张扬很自信地回答道。

老板想了想说：“那你先试试吧。小张，我可是要见到你的工作成绩呢！”

“谢谢老板给我这次机会，我一定不会辜负您的期望！”张扬响亮地回答。

就这样，两个星期以后，张扬如愿以偿地拿到了自己所期望的工资。

以商量、倾诉的语气向领导陈述自己的意图，领导愿意聆听，并且询问你工作上遇到的问题，只要你工作出色，最终有可能会为你增加薪水。作为一名刚刚进入职场或在职场打拼几年的年轻人来说，要敢于向你的领导提出加薪或者升职的要求，要敢于争取自己的利益。

向领导提出加薪要求时，你应当语气平和，面带微笑地陈述你的主要理由。然后再委婉地提出你的要求，尽量多用征询的话。向领导提加薪要求时还要选准时机，最好是在领导心情愉快、较为空闲的时候，这时候你的要求被接受的可能性较大。

其实，现在很多公司都不会主动给员工升职加薪，除非有人表现得特别优秀，有人要来挖墙脚，公司为了留住人才才会给他（她）升职加薪。所以，当你觉得你个人的能力和付出，已经超出现有的工资和职位，大胆地向领导提出你想要升职加薪的想法吧。